하나님의 위로,
욥기

하나님의 위로, 욥기

초판 1쇄 발행 2022년 11월 28일
초판 4쇄 발행 2025년 2월 27일

지은이 김성진
펴낸이 허태영
펴낸곳 에스에프씨(SFC)출판사
등록 서초구 제 2024-000047호
주소 (06593) 서울특별시 서초구 고무래로 10-5 2층 SFC출판부
Tel (02)596-8493
홈페이지 www.sfcbooks.com
이메일 sfcbooks@sfcbooks.com
ISBN 979-11-87942-74-0 (03230)
값 10,000원

잘못 만들어진 책은 언제든지 교환해 드립니다.

더 나은 삶을 위한

신앙 한걸음 더

시리즈 **01**

하나님의 위로, 욥기

김성진 지음

SFC

목차

추천사

욥기는 설교자들에게 큰 부담이 되는 성경입니다. 인생의 문제에 대한 깊은 진리를 담고 있는 만큼 난해한 부분들이 많기에 깊은 묵상과 함께 적절한 해석의 틀을 갖는 것을 요구합니다.『하나님의 위로, 욥기』는 욥기 전체를 선명하게 조망할 수 있는 시야를 제공하면서, 특히 엘리바스 환상에 대한 새로운 이해를 통해 이전과 다른 시각으로 본문을 숙고하도록 초대합니다. 그리고 궁극적으로 고난의 문제 너머에 있는 하나님의 크신 위로를 바라보게 합니다. 부디 이 책을 통해 한국교회 목회자들과 성도님들이 욥기를 더욱 깊이 이해하여, 고통으로 가득한 시대를 바라보는 깊고도 새로운 시각을 얻을 수 있기를 기대합니다.

송태근 목사삼일교회

국내에 희소한 욥기 전공자인 김성진 교수님의 책이 출간된다는 소식에 매우 기쁩니다. 이 책에서 저자는 욥기 전체의 구조를 바탕으로 각 본문들의 핵심을 쉽고도 명확하게 설명합니다. 특별히 4장 12~21절을 거짓 계시로 해석하여 세 친구와의 논쟁을 풀어낸 점, 42장 6절의 하반부를 '나는 위로를 얻습니다'로 번역한 점 등 욥기에 대한 새롭고 유익한 해석의 정보를 제공하여 욥기 이해를 풍성하게 만

들어 주고 있습니다. 욥기는 잠언, 전도서와 더불어 지혜문학을 이루는데, 여호와를 경외하는 지혜의 가장 깊은 통찰을 제공하고 있는 책입니다. 이 책을 찬찬히 읽으면서 성경본문을 묵상해 본다면, 하나님께서 주시는 귀한 삶에 대한 지혜를 욥을 통해 배울 수 있게 되리라 기대합니다. 하나님은 어떤 분이신지, 인생은 무엇인지에 대하여 욥기를 통해 지혜의 통찰을 얻기 원하는 모든 독자들에게 진심으로 이책을 추천합니다.

김희석 교수총신대학교 신학대학원 구약학

욥기는 날마다 고난의 문제로 씨름하는 성도에게 위로와 소망을 주는 보배로운 책입니다. 하지만 욥기를 이해하기란 쉬운 일이 아닙니다. 아마도 구약 39권 가운데 가장 어려운 책 중 하나가 욥기일 것입니다. 그렇다 보니 일반 성도는 물론이고 신학을 공부한 사람조차 욥기를 읽고 그 의미를 바로, 그리고 바르게 깨닫기가 힘듭니다. 그러기에 김성진 교수가 쓴 『하나님의 위로, 욥기』는 고난 속에 위로가 필요한 교회에 값진 선물입니다. 이 책은 욥기가 무엇을 말하는지 쉽고 명확하게 알려줍니다. 왜 성도에게 고난이 임하는지, 고난 앞에서 성도의 바람직한 자세는 무엇인지, 그리고 고난과 악의 문제에 대한 하나님의 메시지와 해결책은 무엇인지를 명쾌하게 설명합니다. 특히 사탄이 욥에게 재앙을 가했을 뿐만 아니라(욥 1-2장), 거짓 환상(욥 4장)을 통해 욥의 세 친구와 엘리후가 그릇된 조언을 하도록 이끌었다는 사실을 밝힌 것은 향후 욥기 해석에 큰 변화를 가져올 귀한 공헌입니다. 김성진 교수의 『하나님의 위로, 욥기』가 교회에 가져올 커다란 유익과 축복을 기대하며 기쁨으로 추천드립니다.

김진수 교수합동신학대학원대학교 구약학

목사가 이런 말을 해도 되나 싶긴 하지만, 욥기는(욥이 아니라) 고통스럽습니다. 욥이 당하는 고통과 친구들과의 길고 긴 대화, 하나님의 알쏭달쏭한 응답 모두 어느 하나 독자들에게 고통을 안겨다주지 않는 것이 없습니다. 독자들은 자신이 당해본 고통을 상기하며 이게 답이 되는지를 스스로에게 묻게 되고, 만사가 평안한 독자들 역시 고통을 읊조리는 이 길고 긴 운문들을 생각해야 하니 고통스럽습니다. 나는 올해 봄 이 욥기를 바탕으로 일곱 번 설교해 본 적이 있는데, 성도들이 당한 고통과 더불어 욥기를 읽고 주석해 내야 하는 고통을 당해야 했습니다. 이 모든 과정 중에 가장 큰 도움이 된 친구가 바로 저자인 김성진 교수의 욥기 강해 및 논문들이었습니다. 특히 4장의 엘리바스의 비전 부분을 해석한 내용은 나의 전체 설교의 결정적 방향을 정해주었고, 고통과 씨름하는 나(와 우리 교회 성도들)에게 하나님의 뜻을 알려주는 기쁨을 선사해 주었습니다. 건전한 해석, 적실한 적용, 이해하기 쉽도록 표와 구조분석으로 정리된 내용, 무엇보다 욥기에 대한 가장 깊은 묵상을 평이한 문체로 서술한 이 책은, 고통스러운 욥기 읽기를 기쁨의 깨달음과 기도로 바꿀 가장 좋은 친구가 될 것입니다!

이정규 목사시광교회

우리의 삶을 논함에 있어 '고통의 문제'를 빼놓을 수 없습니다. 우리는 늘 잘 되고 행복하길 바라지만, 이 땅의 현실은 그렇지 않습니다. 뜻밖의 사건이나 사고를 만나고, 원치 않는 질병이 찾아오고, 팬데믹이나 경제 위기, 전쟁 등으로 인류는 예외 없이 고통을 겪습니다. 이럴 때마다 우리는 질문합니다. 하나님께서 왜 이런 시간을 허락하시는지 말입니다. 때로 하나님께서 무정하시거나 무관심하신 건 아닌지 의심되기도 하고, 때로는 공의로 다스리시지 않는다는 생각이 들기도 합니다.

이에 대한 해답을 찾기 위해 성경, 특히 고난의 문제를 다루는 욥기를 읽어보지만 잘 이해가 되지 않습니다. 욥이 고난 가운데 인내한 것까지는 알겠는데, 욥기가 현실에서 겪는 고통의 문제에 대해 무엇을 말하는지, 그리고 우리에게 어떤 해결책과 위로를 제시하는지 잘 파악되지 않습니다. 사실 성경학자들도 욥기의 해석과 적용을 어렵게 생각합니다.

이 책은 욥기에 대한 이해를 명쾌하게 돕는 것을 목적으로 합니다. 하나님께서는 욥기를 통해 고난과 악의 문제의 원인과 해결책, 그리고 위로의 메시지를 주고 계십니다. 이 책은 욥기를 오랜 기간 연구하신 두안 게렛Duane Garrett 교수님의 연구와 이를 더욱 확장, 발전시

킨 제 박사학위 논문"The Identity of the Spirit in Eliphaz's Vision (Job 4:12~21) And Its Significance in Understanding the Book of Job" (PhD diss., Southern Baptist Theological Seminary, 2017)을 바탕으로 합니다. 그동안 욥기 해석에서 특히 간과된 부분이, 사탄이 욥기 서언부1~2장에서만 활동한 것이 아니라, 한 거짓 계시4:12-21를 엘리바스에게 전하여 세 친구4~27장와 엘리후32~27장의 발언에 결정적인 영향을 미쳤다는 사실입니다. 이 사실이 욥기 해석의 많은 난제를 해결해 주고, 욥기를 보다 쉽고 명확하게 읽도록 도와줍니다.

결국 욥기는 하나님께서 우리에게 주시는 '위로와 소망'의 메시지를 담고 있습니다. 이 책을 읽고 하나님의 뜻을 새기는 동안, 고통 가운데 신음하며 고난과 악의 문제를 놓고 고심하시는 목회자들과 성도들께서 하나님의 위로를 경험하시길 바랍니다. 무엇보다 우리의 '고난의 문제'를 십자가의 죽음으로 몸소 해결하신 주님의 사랑을 확인하는 은혜의 시간이 되시길 소망합니다.

Job

1장
욥, 고난의 수렁에 빠지다

욥기 서언부(욥기 1~2장)
&
엘리바스의 환상(욥기 4장 12~21절)

—

신실한 욥에게 까닭 없는 고난이 임합니다.

나아가, 한 영적 존재가 환상 가운데

욥을 정죄하는 메시지를 전합니다.

—

여는 이야기

　여러분에게 '욥기'는 어떤 책입니까? 고통 중에 있을 때, 성경의 여러 책 중 가장 먼저 생각나는 책이 대체로 '욥기'일 것 같습니다. 그런데 이해하기 어려운 책이 또한 '욥기'입니다. 그래도 욥기의 첫 부분1~2장과 끝 부분42:7~17은 알겠는데, 긴 본론부3:1~42:6로 들어가면 굉장히 난해하다는 느낌을 받습니다. 세 친구와 욥4~27장, 29~31장, 엘리후32~37장가 각각 어떤 주장을 펼치는지, 누구 말이 옳고 틀린 것인지, 욥기의 절정이라 할 수 있는 하나님 말씀38~41장의 의미는 무엇인지……, 좀처럼 파악하기가 쉽지 않습니다.

　그런 의미에서 이 책은 여러분의 욥기 이해를 '명쾌하게' 돕는 것을 목적으로 합니다. 나아가, 욥기는 고난의 문제에 대한 하나님의 강력한 '위로의 메시지'를 담고 있는데, 욥기를 읽고 이해를 얻는 과정을 통해 하나님의 크신 위로와 은혜를 경험하시길 소망합니다!

　동서고금을 막론하고, '고통'은 인간에게 떼려야 뗄 수 없는 실존적인 문제입니다. 신앙을 가진 우리도 예외가 아닙니다. 하나님 말씀대로 신실하게 살아가려고 노력하는데, 때로 설명할 수 없는 고난이 들이닥칩니다. "오, 하나님, 왜입니까?" 우리는 탄식합니다. 성경의 여러 저자들도 동일한 문제를 제기했습니다. 대표적인 경우가 시편 73편입니다. "분명 하나님이 살아계시는데, 왜 악인은 잘되고 번영하며, 신실한 성도는 오히려 고통 받는가"라고, 시인은 하나님께 탄식하며 질문합니다.

사실 이 문제에 대한 답을 하나님은 '욥기'를 통해 주십니다. 하나님은 우리가 겪는 고난의 문제를 너무나 잘 알고 계십니다. 그리고 누구보다 마음 아파하십니다. 이후 살펴보겠지만, 주님은 우리 고난의 문제를 해결하시기 위해 친히 십자가에 달려 돌아가셨습니다. 이것이 우리를 향한 '하나님의 마음'입니다.

'욥기'는 마흔두 장이나 되는 많은 분량의 성경입니다. 하나님께서는 긴 이야기를 통해 우리에게 고난의 원인을 알려주시고, 이에 대한 해결책과 더불어 위로까지 주십니다. 욥기 이야기가 결국 '해피엔딩'으로 끝나는 것처럼, 우리가 겪는 억울한 고난도 반드시 끝이 나며 아름다운 결말을 보게 될 것입니다. 그럼, 그 이야기의 시작을 살펴봅시다.[1]

주제 성경구절

"우스 땅에 욥이라 불리는 사람이 있었는데 그 사람은 온전하고 정직하여 하나님을 경외하며 악에서 떠난 자더라"욥1:1

"20 욥이 일어나 겉옷을 찢고 머리털을 밀고 땅에 엎드려 예배하며 21 이르되 내가 모태에서 알몸으로 나왔사온즉 또한 알몸이 그리로 돌아가올지라. 주신 이도 여호와시요 거두신 이도 여호와시오니 여호와의 이름이 찬송을 받으실지니이다 하고 22 이

모든 일에 욥이 범죄하지 아니하고 하나님을 향하여 원망하지
아니하니라"욥1:20~22

들여다보기

1. 경건한 욥

구약 시대에 '욥'이라는 사람이 살았습니다. 그는 하나님이 인정하
시는 믿음의 소유자로서, 욥기 서언부는 그를 "온전하고 정직하여 하
나님을 경외하며 악에서 떠난 자"로 묘사합니다1:1, 8; 2:3. 하나님께서
인정하시는 욥의 신앙은, 욥기 31장에서 더 구체적으로 드러납니다.
욥은 하나님께 올려드리는 마지막 기도 가운데, 자신이 하나님 앞에
서 바르게 살려고 어떻게 노력했는지를 열네 가지 예를 통해 설명하
는데, 대표적으로 몇 가지를 살펴보겠습니다.[2]

우선, 그는 탐욕적인 눈으로 이성을 바라보지 않도록 "눈과 언약"
을 맺었다고 말합니다31:1. 요즘 식으로 말하면 선정적인 미디어를 아
예 멀리했다는 것인데, 그는 이처럼 하나님 앞에서 정결한 마음을 갖
기 위해 노력했습니다마5:28. 그는 또 자신의 이익을 위해 남을 속이거
나 해를 끼치지 않았습니다31:5~6. 하나님이 아닌 재물이나 우상에 소
망을 두지 않았습니다31:24~28.

나아가, 그는 적극적으로 선을 실천하는 데 앞장섰다고 말합니다.
예를 들어 가난한 자나 과부나 고아에게 양식과 의복 등을 지속적으

로 제공하고, 거리의 나그네에게까지 집을 열어 사랑을 베풀었습니다 31:16~20, 32. 그는 자신을 미워하는 자의 재앙이나 멸망을 기뻐하지 않았습니다31:29~30. 무엇보다 위선적이거나 이중적인 삶을 멀리했는데, 사람의 시선을 의식하며 자신의 죄를 감추기보다는 오직 하나님께 인정받는 삶을 추구했습니다31:33~34.

실로 대단한 신앙이지 않습니까? 이런 욥이야말로 신명기 28장의 말씀처럼 "들어와도 복을 받고 나가도 복"을 받으며, 시편 1편 말씀처럼 "형통"의 복을 늘 누려야 할 것 같습니다. 그런데 그런 욥에게 오히려 극심한 재앙과 고난이 임합니다. 이것을 어떻게 이해해야 할까요?

The Patient Job (Gerard Seghers [1591-1651]) (Public domain)
출처: https://commons.wikimedia.org/wiki/File:Gerard_Seghers_-_The_Patient_Job_-_WGA21132.jpg

2. 욥기의 구조

먼저, 욥기의 구조를 살필 필요가 있습니다.[3]

A. 욥의 고난(1~2장)
  B. 욥이 자신의 생일을 저주함(3장)
    C. 세 번의 대화(4~27장) – **엘리바스가 받은 계시(4:12~21)**
      첫 번째 대화(4~14장)
      두 번째 대화(15~21장)
      세 번째 대화(22~27장)
     D. 지혜는 어디서 찾을 수 있나?(28장) – **나레이터가 전하는 계시**
    C′. 세 번의 발언(29~41장)
      욥의 마지막 발언(29~31장)
      엘리후의 발언(32~37장)
      하나님의 말씀(38:1~42:6) – **욥이 받은 계시**
  B′. 욥이 세 친구를 위해 중보함(42:7~9)
A′. 욥의 회복과 번영(42:10~17)

욥기는 위와 같은 교차대구법chaistic 구조로 되어 있습니다. 먼저 A에서 욥이 고난을 받았다면, A′에서 욥이 회복되어 다시 번영을 누리는 내용이 나오고, B에서 욥이 고난 가운데 자신의 생일을 저주했다면, B′에서는 욥이 회복되어 세 친구를 위해 하나님께 중보하는 내용이 나옵니다.

다음으로, C~C′는 욥기의 본론부라 할 수 있습니다. C에서 세 친구와 욥의 세 번의 대화가 나오고, C′에서는 세 번의 발언, 즉 욥의 마지막 발언, 엘리후의 발언, 그리고 하나님 말씀이 나옵니다. 본론부의 중심인 D지혜의 노래는 욥기의 신학적 센터라고 할 수 있습니다. '악과 고난의 문제'를 다스리시는 '하나님의 지혜'를 인간이 알 수 없지만 하나님을 신뢰해야 한다는 욥기의 핵심 메시지를 담고 있습니다.

특히 눈여겨보실 것은, 본론부 C~C′가 두 계시 사건으로 감싸져 있다는 사실입니다. 전반부의 '엘리바스가 받은 환상'4:12~21과 이후 '하나님께서 욥에게 말씀하시는 계시'38~41장가 욥기 본론부 전체를 감싸고 있습니다.[4] 이 두 계시 사건이 욥기를 이해하는 결정적인 해석의 실마리를 제공하는데, 여기에 중점을 두며 욥기를 들여다보겠습니다.

3. 욥에게 임한 재앙

욥기의 이야기 전개는 다음과 같습니다. 한번은 하늘에서 천상 회의가 열리는데, 사탄도 천사들처럼 하나님 앞에 나옵니다1:6. 이때 하나님께서 욥의 신앙을 칭찬하시자1:8, 사탄은 하나님께 반문하며 다음과 같이 도전합니다.

"9 욥이 어찌 까닭 없이 하나님을 경외하리이까 10 주께서 그와 그의 집과 그의 모든 소유물을 울타리로 두르심 때문이 아니니이까 주께서 그의 손으로 하는 바를 복되게 하사 그의 소유물이 땅에 넘치게 하셨음이니이다 11 이제 주의 손을 펴서 그의 모든

소유물을 치소서. 그리하시면 틀림없이 주를 향하여 욕하지 않겠나이까"1:9~11

여기서 우리는 사탄의 간교함과 악함을 발견합니다. 하나님께서 욥의 신앙이 순전하다고 말씀하시면 그대로 받아들이면 되는데, 사탄은 그게 아니라고 도전합니다. 사탄의 주장은 무엇입니까? 욥의 신앙은 기복 신앙이라는 것입니다. 욥의 경건은 단지 이기적인 행위에 불과하다는 말입니다. 여기서 우리는 '참소자accuser' 사탄의 모습을 발견하게 됩니다. 요한계시록 12장 10절에 따르면, 사탄은 성도를 "하나님 앞에서 밤낮" 부정적으로 고발하는 참소자입니다.

그럼에도 불구하고 하나님은 욥을 굳건히 신뢰하십니다. 그리고 사탄의 도전을 허락하십니다.[5] 사탄은 곧바로 땅으로 내려가 욥에게 온갖 재앙을 쏟아붓는데, 그의 주장대로 하나님이 욥에게 주셨던 복을 다 앗아갑니다. 욥기 1장 2~3절에 따르면, 욥에게는 열 자녀와 더불어 양 칠천 마리, 낙타 삼천 마리, 소 오백 겨리, 암나귀 오백 마리가 있었습니다. 그는 한마디로 고대 사회의 거부巨富요, 하나님께 큰 복을 받은 자였습니다. 사탄은 네 가지 재앙을 욥에게 가하며 이 모든 소유를 차례로 제거해 버립니다.

하루는 한 사환이 욥에게 급히 달려오더니, 남쪽의 스바 사람들이 몰려와 욥의 소 오백 겨리와 나귀 오백 마리를 빼앗아 갔다고 알립니다1:14~15. 이 보고가 끝나기도 전에 두 번째 사환이 욥에게 옵니다. 그는 하늘에서 불이 떨어져 욥의 양 칠천 마리를 살라 버렸다는 소식을 전합니다1:16. 그때 세 번째 사환이 욥에게 나아와, 갈대아 사람들이 칼을 들고 나타나 욥의 낙타 삼천 마리를 다 앗아갔다고 보고합니다 1:17.

지금 무슨 일이 벌어졌습니까? 앞에서 열거했던 욥의 모든 가축, 그러니까 욥의 전 재산이 한꺼번에 사라졌습니다. 그런데 이게 다가 아니었습니다. 이번에는 네 번째 사환이 더 충격적인 소식을 가지고 옵니다. 욥의 열 자녀가 맏아들의 집에서 먹고 마시고 있었는데, 갑자기 큰 바람이 불어 집 네 모퉁이가 무너지면서 열 자녀가 모두 깔려 죽었다는 소식을 전합니다1:18~19.

순식간에 일어난 이 모든 일에, 욥은 그저 주저앉고 말았을 것입니다. 재산을 몽땅 잃은 것은 둘째 치고, 사랑하는 열 자녀의 참사 소식에 욥은 할 말을 잃고 맙니다. 이제 대적 사탄이 바라던 대로, 욥이 받은 모든 복과 소유가 사라졌습니다. 망해도 제대로 망해버렸습니다. 인간으로서 감당하기 힘든 극심한 재앙 앞에 욥은 과연 어떻게 반응할까요?

4. 욥의 반응

욥은 사탄의 주장과 달리, 하나님께 불평과 원망을 쏟아내지 않았습니다. 오히려 하나님께 예배하며 믿음의 고백을 올려드립니다.

"내가 모태에서 알몸으로 나왔사온즉 또한 알몸이 그리로 돌아가올지라 주신 이도 여호와시요 거두신 이도 여호와시오니 여호

도저히 이해되지 않는 상황 속에서도 욥은 하나님을 찬양했습니다. 하나님의 주권과 통치를 온전히 신뢰했습니다. 하나님께서 많은 재산과 사랑스러운 열 자녀를 주셨지만 하나님의 뜻 아래 그것을 도로 가져가실 수 있다고 고백합니다. 욥은 지금 영적 세계에서 어떤 일이 일어나고 있는지 모릅니다. 자신의 고난 배후에 사탄이 있다는 사실을 전혀 알지 못합니다. 욥은 그저 하나님을 신뢰합니다.

우리는 욥의 이야기를 통해, 신앙의 동기를 되돌아볼 필요가 있습니다. 우리는 단지 하나님께 무언가를 얻어내고 이 땅에서의 복을 받기 위해 믿는 자들이 아닙니다. 우리 신앙의 기초는 하나님 아버지와의 인격적인 관계에 있습니다. 하나님은 독생자 예수 그리스도를 십자가에 내어 주실 만큼 우리를 사랑하시는 분입니다. 바로 그분을 전적으로 신뢰하는 것이 우리가 품어야 할 신앙의 토대입니다.

잘되든 못되든, 부유하든 가난하든, 기쁘든 슬프든 어떤 상황 속에서도 하나님을 신뢰하는 것, 때로 사망의 음침한 골짜기를 지날 때에도 하나님께서 나와 함께하시며 나를 최선의 길로 인도하고 계심을 굳게 믿는 것, 이것이 하나님께서 그토록 기뻐하시며 대적 사탄 앞에서도 칭찬하셨던 욥의 순전한 신앙입니다. 하나님께서 우리에게도 이런 믿음을 기대하실 줄 믿습니다.

5. 계속되는 시련

흔히들 사탄이 욥기 1~2장에서 욥에게 재앙을 가한 뒤 무대에서 사라진다고 생각합니다. 그런데 최근 연구들은 사탄이 사라지지 않았음을 보여줍니다. 욥기 4장을 보면, 사탄은 스스로를 광명의 천사로 둔갑하여 욥의 세 친구 중 맏형인 엘리바스에게 나타나 거짓 메시지를 전합니다. 이 메시지가 이후 전개되는 세 친구와 욥의 대화4~27장, 그리고 엘리후의 발언32~37장에 '결정적인 역할'을 합니다.[6]

이를 더 자세히 살펴봅시다. 먼저 욥기 2장에, 세 친구가 욥의 소식을 듣고 욥을 위로하러 달려옵니다. 일찍이 욥의 경건을 잘 알고 있던 세 친구는 욥의 비참한 상황을 보며 할 말을 잃고 맙니다. 칠일 밤낮 침묵하며, 처량한 욥을 바라만 보았습니다.

Job and His Three Friends (James Tissot [1896-1902]) (Public domain)
출처: https://artvee.com/dl/job-and-his-three-friends/

그 어느 시점에, 광명의 천사로 둔갑한 사탄이 엘리바스에게 나타나 한 거짓 메시지를 전한 것 같습니다4:13. 사탄은 욥을 우회적으로 정죄하는 어두운 메시지를 전합니다. 앞서 '참소자' 역할을 했던 사탄1:9~11; 2:4~5이 이제는 '미혹의 영'으로 역사한 것입니다. '왜 욥에게 이런 재앙이 임했을까?', 하고 궁금해하던 엘리바스는 조금의 의심도 없이 이 계시의 출처가 '하나님' 또는 '천사'라 생각합니다. 그리고 이 계시를 근거로, 욥의 고난이 그의 숨겨진 죄 때문에 임했다고 믿게 됩니다.

욥기 3장에서 욥은 오랜 침묵을 깨고 입을 열어 자신의 생일을 저주합니다. 욥의 탄식이 끝나자마자 엘리바스는 기다렸다는 듯이 욥기 4장에서, 세 친구 중 제일 먼저 욥에게 말합니다. 그리고 자신이 한밤중에 받은 계시의 내용을 소개하며4:12~21, 그것을 바탕으로 욥을 정죄하며 회개를 촉구합니다5장.

다른 친구들 역시 엘리바스가 받은 환상을 맹신합니다. 욥에 대한 '하나님의 계시'라 믿으며, 이 계시에 근거하여 동일하게 욥을 정죄하고 회개할 것을 재촉합니다. 이것이 욥기 본론부에 나오는 세 친구의 대화4~27장와 엘리후 발언32~37장의 주된 논지입니다.

6. 엘리바스의 환상(4:12~21)

그럼, 엘리바스가 받은 환상의 내용을 살펴봅시다. 환상이 임할 때의 상황을 묘사한 욥기 4장 12~16절은 다음과 같습니다.

"12 어떤 말씀이 내게 가만히 이르고 그 가느다란 소리가 내 귀
에 들렸었나니 13 사람이 깊이 잠들 즈음 내가 그 밤에 본 환상으
로 말미암아 생각이 번거로울 때에 14 두려움과 떨림이 내게 이
르러서 모든 뼈마디가 흔들렸느니라 15 그 때에 영이 내 앞으로
지나매 내 몸에 털이 주뼛하였느니라 16 그 영이 서 있는데 나는
그 형상을 알아보지는 못하여도 오직 한 형상이 내 눈 앞에 있었
느니라 그 때에 내가 조용한 중에 한 목소리를 들으니" 4:12~16

일반적으로 천사나 하나님이 나타나실 때, 본인이 '천사' 또는 '하
나님'이심을 밝히시고 동시에 '두려워 말라'는 말씀을 주시곤 합니다.
그런데 욥기 4장의 영적 존재는 참 이상합니다. 자신의 정체를 밝히
지 않을 뿐 아니라, 공포 영화에 나올 법한 극심한 두려움만 야기하기
때문입니다. 예를 들어, 엘리바스는 14~15절에서 '내 모든 뼈마디가
흔들리고 내 몸의 털이 주뼛하였다'고 말하는데, 일반적인 하나님의
계시 상황과는 너무나 다른 느낌을 줍니다.
다음으로, 영적 존재가 전한 메시지를 담고 있는 욥기 4장 17~21절
을 살피겠습니다.

"17 사람이 어찌 하나님 앞에서 의롭겠느냐 사람이 어찌 그 창조
하신 이 앞에서 깨끗하겠느냐 18 하나님은 그의 종이라도 그대
로 믿지 아니하시며 그의 천사라도 미련하다 하시나니 19 하물며
흙 집에 살며 티끌로 터를 삼고 하루살이 앞에서라도 무너질 자
이겠느냐 20 아침과 저녁 사이에 부스러져 가루가 되며 영원히

사라지되 기억하는 자가 없으리라 21 장막 줄이 그들에게서 뽑히지 아니하겠느냐 그들은 지혜가 없이 죽느니라"4:17~21(17절은 필자의 번역)

우선 17절만 보면 '모든 인간이 범죄했다'는 '전적 타락' 교리처럼 들립니다. 그런데 18절 이후부터 그 내용이 심하게 왜곡됩니다. '창조세계에는 그 어떤 것도 선한 것이 없다'는 비관론이나 허무주의로 흐릅니다.[7] 특히 하나님은 천사도 믿지 아니하시고 미련하게 보시는데, 하물며 흙에 불과한 인간이야말로 하나님 앞에서 더욱 불결하고 무가치한 존재라고 말합니다.

'왜 욥에게 고난이 임했을까?' 하고 고심하던 엘리바스와 친구들에게 이 영적 존재의 메시지는 욥의 고난에 대한 하나님의 영적 진단처럼 들렸을 것입니다. '그럼 그렇지! 욥에게 숨겨진 죄가 있었구나!' 이렇게 확신하는 계기가 됐을 것입니다.[8]

7. 엘리바스 환상의 문제점

하지만 엘리바스가 받은 환상은 다음 일곱 가지 이유를 근거로, '하나님의 계시'로 보기 어렵습니다. 우선, 욥기 서언부1~2장에서 하나님이 욥을 칭찬하시고 신뢰하신 내용과 모순됩니다.[9] 특히 욥은 하나님의 기대대로, 계속되는 시련 속에서도 원망하지 않고 끝까지 믿음을 지켰습니다. 그런 욥을 하나님이 돌변하셔서 엘리바스 환상 가운데 책망하고 정죄하셨을 리 만무합니다.

둘째, 엘리바스가 받은 메시지는 오히려 서언부1~2장에서 욥의 경건을 불신했던 사탄의 주장과 목소리를 그대로 반영합니다.[10] 특히 이본문을 히브리어 원어로 보시면, 앞선 사탄의 발언과 행위가 엘리바스 환상 가운데 의도적으로 반향되는 것을 볼 수 있습니다.[11]

셋째, 엘리바스 환상의 정죄 메시지는 이후 하나님께서 욥에게 나타나 하신 말씀38~41장과도 대조됩니다. 즉 피조세계에 대한 하나님의 관심과 돌봄에 관한 내용38~39장 및 욥이 옳다고 선포하시는 내용과도 어긋납니다42:7.[12]

넷째, 영적 존재의 정죄대로 욥이 정말 범죄했다고 한다면, 이것은 하나님이 틀리시고 사탄이 옳은 상황이 되고 맙니다. 하나님은 욥을 칭찬하시고 굳게 신뢰하셨는데1~2장, 하나님의 말씀이 틀리게 됩니다.[13] 이는 결코 일어날 수 없는 일이기에, 이런 의미에서 환상의 출처가 하나님일 수 없습니다.

다섯째, 몇몇 표현들이 환상의 출처가 하나님이 아님을 암시합니다. 예를 들어, 4장 12절에서 엘리바스는 자신에게 계시가 임한 상황을 "어떤 **말씀**다바르이 내게 **은밀히 이르고**가나브"라고 표현하는데, 여기서 사용된 히브리어 단어쌍, '다바르'와 '가나브'는 구약에 단 두 번 등장하는 표현욥4:12, 렘23:30으로, 특히 예레미야 23장 30절에서는 거짓 선지자들의 메시지를 지칭하는 데 사용됩니다.[14] 이런 맥락에서 4장 12절에 이 단어쌍이 사용된 것은, 엘리바스의 환상 역시 그 출처가 하나님이 아님을 암시합니다.

다른 예로, 4장 15절에서 엘리바스는 영적 존재와 마주치는 상황 가운데 "내 몸에 털이 주뼛하였느니라"라고 묘사하는데, 학자들은 구약에 단 한 번 등장하는 이 표현의 의미를 잘 파악하고자 고심하던 중, 최근 발굴된 고대 근동 문헌들을 통해 주로 악령이나 귀신과 접촉하는 맥락에서 사용되는 표현임을 알게 됐습니다.[15] 이런 증거는 이 환상의 출처가 하나님이 아님을 추가적으로 보여줍니다.

여섯째, 욥기 내에서 '영spirit'이라는 단어의 사용 용례를 살펴봅니다. '영'을 히브리어로 '루아흐'라고 하는데요. 이 명사는 구약에서 남성 명사로 사용될 때도 있고 여성 명사로 사용될 때도 있습니다. 욥기 저자가 '루아흐'라는 단어의 의미를 성에 따라 일관되게 구분하여 사용했다고 볼 때, 먼저 욥기 내에서 '루아흐'가 여성 명사로 쓰인 경우는 '하나님의 영'32:8, 18; 33:4과 '인간의 영'6:4; 17:1; 21:4을 지칭할 때입니다. 한편, 욥기 내에서 '루아흐'가 남성 명사로 사용된 경우는 딱 두 번 있는데, 모두 엘리바스 환상의 영적 존재를 가리킬 때입니다4:15; 20:3. 자, 생각해 보실까요? 욥기 내에서 하나님의 영이나 인간의 영과 구분하여 다르게 표현하고 있다면, 이는 과연 어떤 영적 존재일까요? 욥기 1~2장의 '사탄' 밖에 없습니다.[16]

마지막으로, 욥기의 본론부를 감싸고 있는 두 계시 사건, 즉 엘리바스의 환상4:12~21과 하나님의 말씀38~41장을 비교할 필요가 있습니다. 이 두 계시 경험의 특성과 메시지를 비교하면 큰 대조를 이루는데, 우선 엘리바스 환상의 영적 존재는 자신의 정체를 철저히 감추며 어두운 정죄 메시지만 쏟아냅니다. 한편, 욥에게 말씀하시는 하나님은 '하나님이심'을 드러내실 뿐만 아니라, 욥의 질문에 응답하시고 가르쳐

주시고 욥을 위로하십니다.[17] 이런 측면에서 엘리바스 환상의 출처는
하나님이 아닌 사탄임을 확신할 수 있습니다.

8. 욥기 이야기의 향후 전개

놀랍게도 사탄의 거짓 메시지가 이후 세 친구와 엘리후의 발언에
지대한 영향을 미칩니다.[18]

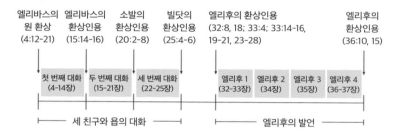

위의 구조는 앞으로 전개될 세 친구와 욥의 대화, 그리고 엘리후
발언의 흐름을 보여줍니다. 전체 대화 및 발언이 엘리바스의 환상을
소개하는 것으로 시작하여 환상 인용으로 끝나는 것을 알 수 있습니
다. 나아가, 환상 인용은 각 대화 주기의 시작부 또는 종결부에 위치
하며 전체 흐름의 뼈대를 형성합니다.

이 구조적 흐름이 무엇을 말해줄까요? 세 친구와 엘리후가 환상의
메시지를 전면에 내세워 욥을 죄인으로 몰아갔다는 것입니다. 그들이
욥을 강하게 비난할 수 있었던 결정적인 근거가 바로 환상의 정죄 메
시지입니다.[19] 이처럼 사탄의 영향은 욥기 서론부 1~2장뿐만 아니라 세

친구의 발언4~27장과 엘리후의 발언32~37장에서도 지속됩니다.

욥은 심히 억울하고 고통스러웠을 것입니다. 하루아침에 재산과 자녀와 건강을 잃은 것만 해도 너무 참담한데, 친구들이 공감하거나 위로해 주기는커녕 매몰차게 정죄하는 말을 쏟아냈기 때문입니다. 그는 철저히 고독하고 혹독한 시련의 수렁으로 내몰렸습니다. 욥의 고통은 실로 극에 달했을 것입니다. 이 가운데 욥은 어떻게 반응할까요?

다음 장에서는 그의 놀라운 믿음의 행보를 살펴봅니다. 세 친구가 정죄하는 말을 들으면서도 끝까지 하나님께 매달리며 탄식하고 기도했던 욥을 만나보겠습니다.

묵상과 나눔을 위한 물음

1. 욥은 재산과 자녀와 건강을 다 잃는 극한의 시련에 처했습니다. 이런 시련과 고통 속에서 그는 어떻게 반응했습니까? 하나님께 불평하거나 원망했습니까, 아니면 하나님을 신뢰하고 찬양했습니까?

2. 욥은 고난 가운데 "주신 이도 여호와시요 거두신 이도 여호와시오니 여호와의 이름이 찬송을 받으실지니이다"1:21라고 고백했습니다. 이 말의 의미는 무엇입니까?

3. 우리 시대 종교는 물질적 풍요를 갈구하는 것에 목매는 듯 보입니다. 신앙의 동기가 무엇을 얻거나 현세의 복을 받는 데 있는 것이지요. 혹 우리 신앙생활의 동기나 이유는 어떠합니까? 그리고, 욥의 고백1:21이 주는 교훈은 무엇입니까?

4. 욥처럼, 우리가 고난 속에서도 하나님을 변함없이 신뢰할 수 있는 근거는 무엇입니까?

Job

2장
하나님, 억울합니다

세 친구와 욥의 난상 토론(욥기 4~27장)

—

욥의 세 친구는 환상의 메시지에 기초해
욥의 고난을 죄의 문제로 몰아갑니다.
한편 욥은 무고함을 주장하며
억울함을 하나님께 기도로 아룁니다.

—

여는 이야기

지난 장에서 우리는 욥기 서언부1~2장를 살피며, 불같은 고난 속에서도 불평하거나 원망하지 않고 오히려 하나님께 예배하고 찬양하는 욥을 보았습니다1:20~22. 그런데 욥의 시련은 끝나지 않습니다. 서언부에서 욥에게 재앙을 가했던 사탄이 이번에는 엘리바스의 환상4:12~21을 통해 세 친구, 엘리바스, 빌닷, 소발4~27장과 이후 엘리후32~37장에게까지 지대한 영향을 미치기 때문입니다.

이번 장에서는 특히 '세 친구와 욥의 대화'4~27장를 살펴봅니다. 사탄의 거짓 메시지가 세 친구의 발언에 어떤 영향을 미치는지, 그리고 무고한 욥은 죄인 취급받는 억울함 가운데 어떻게 반응하는지 살펴봅니다.

주제 성경구절

[빌닷] "5 네가 만일 하나님을 찾으며 전능하신 이에게 간구하고 6 또 청결하고 정직하면 반드시 너를 돌보시고 네 의로운 처소를 평안하게 하실 것이라 7 네 시작은 미약하였으나 네 나중은 심히 창대하리라"욥8:5~7

[욥] "21 나의 친구야 너희는 나를 불쌍히 여겨다오 나를 불쌍히 여겨다오 하나님의 손이 나를 치셨구나 22 너희가 어찌하여 하나님처럼 나를 박해하느냐"욥19:21~22

들여다보기

1. 대전제

'세 친구와 욥의 대화'4~27장를 논하기에 앞서, 서언부1~2장와 결언부42:7~17의 메시지를 잠시 생각해 볼 필요가 있습니다. 서언부와 결언부는 세 친구와 욥의 대화를 어떤 관점에서 바라봐야 할지 안내합니다. 서언부는 욥에게 고난이 임한 이유가 그의 죄 때문이 아니라 오히려 그의 신실함 때문이라 말합니다. 결언부에서도, 하나님께서는 세 친구가 틀렸고 욥이 옳았다고 선포하십니다.

"여호와께서 데만 사람 엘리바스에게 이르시되 내가 너와 네 두 친구에게 노하나니, 이는 너희가 나를 가리켜 말한 것이 내 종 욥의 말 같이 옳지 못함이니라"42:7

바로 이 '대전제' 위에서, 세 친구와 욥의 대화를 읽어야 합니다.[20] 4~27장에 전개되는 세 친구와 욥의 긴 대화를 따라가다 보면, 누가 옳고 틀리는지 헷갈릴 수 있습니다. 때로는 욥을 정죄하는 세 친구가 옳아 보이고, 결백을 주장하는 욥이 그릇되게 보일 수 있습니다. 서언부와 결언부는 바로 이런 혼돈을 바로잡아 줍니다. 이제 '세 친구와 욥의 대화'를 논할 텐데, 이 '대전제'를 놓치지 말아야 합니다. 욥은 무고한 고난 가운데 있고, 하나님이 결국 욥의 손을 들어 주신다는 사실을 기억해야 합니다.

2. 난상 토론 주제

세 친구와 욥은 4장부터 27장까지 열띤 토론을 벌입니다. 언뜻 보기에는 세 친구가 욥에게 회개를 촉구하고, 욥은 자신의 무죄를 변호하는 것처럼 보입니다. 맞는 말입니다. 그런데 더 깊이 들여다보면, 이 가운데 치열한 '신학 논쟁'이 전개되고 있습니다. 즉 '하나님이 창조세계를 어떻게 통치하시는가?'에 대한 주제를 놓고 세 친구와 욥이 '난상 토론'을 벌입니다.[21]

이와 관련해 생각할 것이, 세 친구와 욥의 신학적인 입장입니다. 세 친구와 욥 모두 하나님께서 창조세계를 공의로 다스리시며, 그것이 '보응원리retribution principle'로 구현된다고 보았습니다. 보응원리란 쉽게 말해, 하나님이 '의인은 복 주시고, 악인은 벌하신다'는 원리입니다.[22] "콩 심은 데 콩 나고 팥 심은 데 팥 난다."라는 속담처럼, 우리가 행한 대로 하나님께서 갚아 주신다는 것입니다. 참고로 보응원리는 성경의 반복되는 가르침입니다. 성경 내에서 이에 관한 구절을 어렵지 않게 발견할 수 있는데, 잠언이 대표적입니다.[23]

"악인의 집에는 여호와의 저주가 있거니와 의인의 집에는 복이
있느니라"잠3:33

"악한 자의 집은 망하겠고 정직한 자의 장막은 흥하리라"잠14:11

문제는 보응원리에 비추어 볼 때 욥에게 임한 고난이 당장 설명되
지 않는다는 점입니다. 보응원리에 따르면 신실한 욥은 늘 형통해야
합니다. 그런데 극악한 죄인들이나 겪을법한 큰 재앙이 욥에게 임했
습니다. 이 문제가 세 친구와 욥 사이에 크나큰 '신학 논쟁'을 유발합
니다. 그리고 세 친구와 욥은 정반대의 주장을 펼치게 됩니다.

우선 세 친구의 입장에서는 보응원리가 올바로 작동한 것이었습니
다. 왜냐하면 엘리바스가 받은 환상의 메시지4:12~21가 이미 욥을 정죄
했기에, 친구들이 보기에는 욥의 고난이야말로 그의 숨겨진 죄에 대
한 하나님의 응당한 징계요, 형벌이었습니다.[24]

하지만 욥은 납득할 수 없었습니다. 욥 역시 친구들처럼 보응원리
를 굳건히 믿어왔지만, 억울한 고난을 겪으면서 의심하기 시작합니
다. 보응원리가 제대로 작동하지 않는다고, 하나님의 공의가 바르게
구현되지 않는 것 같다고 항변합니다. 하지만 욥은 이런 의문에 머물
지 않습니다. 자신의 신학적 딜레마를 기도로 하나님께 아룁니다. 하
나님께서 응답해 주시기를 간구합니다.

3. 신학적 딜레마의 첫 표출(욥 3장)

욥이 자신의 신학적 딜레마를 최초로 표출한 것이 욥기 3장입니다. 서언부에서 고난 가운데 인내했던 욥은, 3장에 이르러 탄식 가운데 자신의 생일을 저주합니다. 충분히 이해가 가는 부분입니다. 재산을 다 잃은 것은 물론, 한 자녀도 아닌 열 자녀를 한꺼번에 잃었는데, '차라리 내가 태어나지 않았으면 좋았겠다'라고 말하지 않을 부모가 어디 있겠습니까? 특히 고대 근동 사회에서는 가장 깊은 탄식을 자신의 생일을 저주하는 것으로 표현하곤 했습니다.[25] 예를 들어, 예레미야 선지자도 사역 여정 중 가장 힘든 시점에 탄식하며 자신의 생일을 저주한 바 있습니다렘20:14~18.[26]

한편, 욥의 깊은 탄식 이면에는 그동안 자신이 믿어 왔던 신학 체계, 다시 말해 '보응원리'가 제대로 작동하지 않는 것 같다는 깊은 회의가 담겨 있습니다. 욥은 창조세계의 기초가 하나님의 공의이고 보응원리로 운영된다고 믿어 왔는데, 억울한 재앙을 겪으면서 그 믿음을 정반대의 이미지로 그려 냅니다. 즉, 창세기 1~2장의 '창조' 내용을 '역창조' 이미지로 바꾸어 묘사하며, 혼란스러운 자신의 마음을 표출합니다.[27]

이를 살펴보면, ① 창세기에서 하나님께서 "빛이 있으라"라고 말씀하셨다면창1:3~4, 욥은 자신의 출생의 날이 '어두웠다면' 좋았겠다욥3:3~6, ② 창세기에서 하나님께서 '해, 달, 별들을 통해 징조와 계절을 이루셨다'면창1:14, 욥은 자신이 "해의 날 수와 달의 수에 들지 않았더라면" 좋았겠다욥3:6, ③ 창세기에서 하나님이 "생육하고 번성하여 땅에 충만하라"라고 말씀하셨다면창1:28, 욥은 '태에서 죽어 나오지 않았다면' 좋았겠다욥3:11~12, 16, ④ 창세기에서 하나님이 '창조 후 안식하셨다'면창2:2~3, 욥은 자신이 '태에서 죽어 평안히 안식하였으면' 좋았겠다욥3:13~15, 17~19 표현하고, ⑤ 마지막으로 욥은 그 죽음의 공간이 억압자와 약자, 악인과 의인이 함께 공존하는 곳이라 묘사하며 창조 세계의 공의 체계가 무너졌음을 우회적으로 표현합니다욥3:17~19.[28]

4. 세 친구의 반응

한편, 욥의 말을 들은 세 친구는 어떤 생각이 들었을까요? 전혀 동의할 수 없었을 것입니다. 특히 환상의 메시지에 오도된 친구들은, 스스로 옳다 하며 하나님의 공의마저 의심하는 욥의 주장을 수용할 수 없었습니다. 오히려 그런 욥을 바로잡아야 한다고 생각했을 겁니다. 이런 맥락에서 욥기 4장부터 27장까지 세 친구와 욥 사이에 긴 대화가 오갑니다. 세 친구가 차례대로 욥에게 권면하고 욥이 응답하는 방식으로, 총 세 번에 걸친 난상 토론이 벌어집니다.

<u>첫 번째 토론(4~14장)</u>

엘리바스(4~5장)   ⇨ 욥의 응답(6~7장)

빌닷(8장)   ⇨ 욥의 응답(9~10장)

소발(11장)   ⇨ 욥의 응답(12~14장)

두 번째 토론(15~21장)

    엘리바스(15장)   ⇨ 욥의 응답(16~17장)

    빌닷(18장)   ⇨ 욥의 응답(19장)

    소발(20장)   ⇨ 욥의 응답(21장)

세 번째 토론(22~27장)

    엘리바스(22장)   ⇨ 욥의 응답(23~24장)

    빌닷(25장)   ⇨ 욥의 응답(26~27장)

세 친구는 욥에게 많은 말을 쏟아내는데, 그들의 요지는 다음과 같습니다. 환상의 메시지처럼 '욥에게 숨겨진 죄가 있고, 그래서 재앙이 임했다'는 것입니다. 따라서 욥이 살기 위해서는 '회개하라'는 것입니다. 또한, 하나님께서 보응원리를 따라 욥을 정당하게 치신 것이므로, 하나님의 공의를 운운하며 보응원리가 바르게 작동하지 않는다는 식의 말을 하지 말라는 것입니다.

한편, 욥은 친구들의 권면에 어떻게 반응할까요? 욥은 동의하지 않습니다. 오히려 자신의 무고함과 억울함을 솔직하게 토로합니다. 그리고 이해할 수 없는 자신의 상황과 신학적 딜레마를 공감해 주길 바라며, 궁극적으로 하나님께서 응답해 주시길 기도합니다.

세 친구는 이런 욥을 못마땅하게 여겼을 것입니다. 그 결과, 친구들의 어조가 차츰 변하기 시작합니다. 그래도 첫 번째 토론 주기4~14장에서는 다소 부드러운 어조로 권면했지만, 욥이 이를 단호히 거부하자, 두 번째15~21장, 세 번째 토론 주기22~27장로 나아가면서 친구들의 발언이 격해집니다.[29] 그 변화를 관련 본문을 통해 살펴보겠습니다.

Job Rebuked by His Friends (William Blake [1805]) (Public domain)
출처: https://en.wikipedia.org/wiki/William_Blake%27s_Illustrations_of_the_Book_of_Job

5. 첫 번째 토론(4~14장)

우선 첫 번째 토론 주기입니다4~14장. 아래는 엘리바스4~5장와 빌닷 8장이 한 발언의 일부인데, 이때는 다소 부드러운 어조로 욥을 권면함을 볼 수 있습니다.

[엘리바스] "17 볼지어다 하나님께 징계받는 자에게는 복이 있나니 그런즉 너는 전능자의 징계를 업신여기지 말지니라 18 하나

님은 아프게 하시다가 싸매시며 상하게 하시다가 그의 손으로 고치시나니 19 여섯 가지 환난에서 너를 구원하시며 일곱 가지 환난이라도 그 재앙이 네게 미치지 않게 하시며"5:17~19

[빌닷] "5 네가 만일 하나님을 찾으며 전능하신 이에게 간구하고 6 또 청결하고 정직하면 반드시 너를 돌보시고 네 의로운 처소를 평안하게 하실 것이라 7 네 시작은 미약하였으나 네 나중은 심히 창대하리라"8:5~7

엘리바스와 빌닷 모두 "너는 죄인이다. 회개하라!"는 식의 직설적인 표현은 삼가고 있습니다. 대신 우회적인 방식으로 욥을 설득하고 권유합니다.

참고로, 한 가지 짚고 갈 구절이 욥기 8장 7절"네 시작은 미약하였으나 네 나중은 심히 창대하리라"입니다. 개업하는 성도님들께 선물하는 액자에 단골로 들어가는 성경구절인데, 사실 크게 오해하는 본문이기도 합니다. 이 본문의 정확한 의미는, 욥이 '회개'하면 하나님이 욥을 회복시키시고 창대케 하실 것이라는 빌닷의 주장입니다. 일견 맞는 말처럼 보일 수도 있습니다. '회개하면 하나님이 용서하고 회복시키신다'는 말씀은 성경이 반복적으로 강조하는 바이기도 합니다. 그런데 빌닷의 권면은 욥에게는 적용할 수 없는 내용입니다. 욥은 숨겨진 죄 때문이 아니라 신실함 때문에 고난받고 있기 때문입니다. 이런 의미에서 빌닷의 권면은 100% 틀린 권면입니다.

6. 두 번째(15~21장) 및 세 번째 토론(22~27장)

욥이 계속해서 자신의 결백을 주장하자, 두 번째 토론 주기가 시작됩니다15~21. 첫 번째 토론 주기와의 차이점은, 세 친구의 발언이 조금 더 거칠어졌다는 점입니다. 한 예로, 소발의 권면20장을 살피겠습니다.

> [소발] "12 그는 비록 악을 달게 여겨 혀 밑에 감추며 13아껴서 버리지 아니하고 입천장에 물고 있을지라도 14 그의 음식이 창자 속에서 변하며 뱃속에서 독사의 쓸개가 되느니라 15 그가 재물을 삼켰을지라도 토할 것은 하나님이 그의 배에서 도로 나오게 하심이니 16 그는 독사의 독을 빨며 뱀의 혀에 죽을 것이라"20:12~16

첫 주기 때와 달리 강한 표현들이 보이십니까? 소발은 "독사의 쓸개", "독사의 독", "뱀의 혀"와 같은 센 표현을 사용해가며 욥을 정죄합니다. 눈여겨볼 것은 소발이 2인칭 표현을 통해 욥을 바로 지칭하지 않고, 3인칭 표현을 통해 우회적으로 욥을 권면한다는 점입니다. 욥기 내에서 이처럼 3인칭 표현을 통해 우회적으로 메시지를 전하는 경우가 많습니다. 분명한 것은, 위 본문이 지금 욥에게 하는 회개의 경고라는 점입니다.

마지막으로, 세 번째 토론 주기22~27장에서는 거의 막장 드라마에 가까운 상황이 연출됩니다. 친구들은 욥에게 거짓말을 할 뿐 아니라,

거친 비난도 서슴지 않습니다. 예를 들어, 엘리바스는 욥기 22장 5~9절에서 욥이 짓지도 않은 죄 목록을 나열해 가며 그를 거짓되게 정죄합니다.

> [엘리바스] "5 네 악이 크지 아니하냐 네 죄악이 끝이 없느니라 6 까닭 없이 형제를 볼모로 잡으며 헐벗은 자의 의복을 벗기며 7 목마른 자에게 물을 마시게 하지 아니하며 주린 자에게 음식을 주지 아니하였구나 8 권세 있는 자는 토지를 얻고 존귀한 자는 거기에서 사는구나 9 너는 과부를 빈손으로 돌려보내며 고아의 팔을 꺾는구나" 22:5~9

이 내용은 욥기 31장의 욥의 진술과 비교하면 사실이 아님이 단번에 드러납니다. 욥은 그런 죄를 범하지 않았습니다. 게다가 빌닷은 25장에서 신랄한 어투로 욥을 정죄하는데, 6절을 보시면 욥을 "구더기 같은 사람, 벌레 같은 인생"에 빗대어 비난합니다.

> [빌닷] "4 그런즉 하나님 앞에서 사람이 어찌 의롭다 하며 여자에게서 난 자가 어찌 깨끗하다 하랴 5 보라 그의 눈에는 달이라도 빛을 발하지 못하고 별도 빛나지 못하거든 6 하물며 구더기 같은 사람, 벌레 같은 인생이랴" 25:4~6

7. 엘리바스 환상의 강조

이런 세 친구의 발언 흐름에 덧붙여 생각할 것이 있는데, 세 친구들이 발언하는 내내 엘리바스의 환상4:12~21을 전면에 내세워 욥을 정죄했다는 점입니다. 아래 도표처럼, 세 친구의 발언은 엘리바스의 환상 소개로 시작하여4, 15장 환상 인용으로 마무리됩니다20, 25장.

첫 번째 토론(4~14장)

엘리바스의 환상 → 엘리바스(4~5장)　　⇨ 욥의 응답(6~7장)

빌닷(8장)　　⇨ 욥의 응답(9~10장)

소발(11장)　　⇨ 욥의 응답(12~14장)

두 번째 토론(15~21장)

엘리바스의 환상 → 엘리바스(15장)　　⇨ 욥의 응답(16~17장)

빌닷(18장)　　⇨ 욥의 응답(19장)

엘리바스의 환상 → 소발(20장)　　⇨ 욥의 응답(21장)

세 번째 토론(22~27장)

엘리바스(22장)　　⇨ 욥의 응답(23~24장)

엘리바스의 환상 → 빌닷(25장)　　⇨ 욥의 응답(26~27장)

예를 들어, 엘리바스는 첫 번째 토론 주기4~14장의 출발점인 욥기 4장에서 환상을 소개하며 발언을 시작합니다. 또 엘리바스는 두 번째 토론 주기15~21장 서두에서도 환상의 메시지를 언급하며 자신의 발언을 전개합니다15:11~16. 여기서 우리는 엘리바스를 비롯한 욥의 친구들이 정죄의 메시지를 끝까지 고수할 수 있었던 결정적인 근거가 바로 이 환상의 메시지였음을 확인할 수 있습니다. 이 환상이 없었다면, 세 친구는 욥을 정죄할 어떤 명분도 얻지 못했을 것입니다.

이런 맥락에서 눈여겨볼 부분이 20장의 소발과 25장의 빌닷의 발언입니다. 우선 소발의 발언20장인데, 특이하게도 세 번씩 발언하는 다른 친구들과 달리, 소발은 두 번만 발언합니다11, 20장. 소발이 두 번째 토론 주기15~21장의 마지막 주자로 등판하여 발언한 뒤 다시는 입을 열지 않는데, 왜일까요?

소발의 마지막 발언이 있는 20장을 한글로 보면 잘 느껴지지 않지만, 히브리어 원어로 보면 엘리바스 환상의 핵심 표현이 상당히 인용된 것을 보게 됩니다.[30]

엘리바스 환상(욥 4:12~21)	소발의 발언(욥 20장)
13 사람이 깊이 잠들 즈음 내가 그 **밤에 본 환상**(חֶזְיֹנוֹת לָיְלָה)으로 말미암아 **생각이 번거로울 때**(שְׂעִפִּים)에 15 그 때에 **영**(רוּחַ)이 내 앞으로 지나매 내 몸에 털이 주뼛하였느니라 16 그 **영**(רוּחַ)이 서 있는데 나는 그 형상을 알아보지는 못하여도, 오직 한 형상이 내 **눈**(עַיִן)앞에 있었느니라. 그 때에 내가 조용한 중에 한 목소리를 들으니(אֶשְׁמָע) 20 아침과 저녁 사이에 부스러져 가루가 되며 **영원히**(לָנֶצַח) **사라지되**(אבד) 기억하는 자가 없으리라	2 그러므로 내 **초조한 마음**(שְׂעִפִּים)이 나로 하여금 대답하게 하나니 이는 내 중심이 조급함이니라 3 내가 나를 부끄럽게 하는 **책망**(מוּסָר)을 **듣는구나**(אֶשְׁמָע) 나의 생각을 능가하는 **영**(רוּחַ)이 내게 대답하시는구나(필자의 번역) 7 자기의 똥처럼 **영원히**(לָנֶצַח) **망할 것이라**(אבד) 8 그는 **꿈**(חֲלוֹם) 같이 지나가니 다시 찾을 수 없을 것이요 **밤에 보이는 환상처럼**(חֶזְיוֹן לָיְלָה) 사라지리라 9 그를 본 **눈**(עַיִן)이 다시 그를 보지 못할 것이요

적어도 과거 이스라엘 성도들이 욥기 20장을 읽거나 들으면, "아하! 욥기 4장의 엘리바스 환상에 나온 그 표현들이구나!" 하고 바로 느꼈을 것입니다.

소발이 이렇게 한 이유는, 일종의 충격요법으로 강력한 메시지를 욥에게 단번에 전하려는 의도로 보입니다.[31] 특히 엘리바스 환상의 권위를 앞세워서20:2~8, 결백을 주장하는 욥에게 마지막으로 다음 메시지를 힘 있게 전하려 합니다. "욥! 하나님이 엘리바스의 환상을 통해 너를 정죄하셨잖아! 그 이상 무슨 말이 더 필요해?"[32]

빌닷의 세 번째 발언25장도 이와 유사합니다. 세 번째 토론 주기 22~27장의 마지막 발언자이자 세 친구 발언의 대미를 장식하는 빌닷은, 독특하게도 아주 짧게, 다섯 절만 말합니다25:2~6. 앞서 세 친구의 발언 분량이 보통 스무 절 이상인 점을 고려할 때 매우 특이한 부분입니다. 놀랍게도 빌닷은 이 다섯 절 중 세 절25:4~6을 할애하여 엘리바스의 환상을 언급합니다.

빌닷의 의도 역시 20장의 소발과 크게 다르지 않다고 볼 수 있습니다. 환상의 메시지를 전면에 내세워, 짧고 강한 펀치 한 방을 욥에게 날리려는 것입니다. 하나님께서 환상을 통해 욥을 이미 정죄하셨으니 4:12~21 더는 고집 피우지 말라는 것입니다. 변명하기를 멈추고, 하나님께서 환상을 통해 주신 회개의 기회를 붙들라는 것입니다.[33]

친구들의 이런 주장이 옳습니까? 아닙니다. 세 친구는 환상 배후에 사탄이 있음을 전혀 모르고 있습니다. 그 결과, 발언 내내 무고한 욥을 정죄하는 잘못을 범합니다.

8. 욥의 답변

한편 욥은 친구들에게 어떻게 반응했을까요? 총 여덟 가지로 정리해 볼 수 있습니다. 우선 욥은 엘리바스 환상에 대한 놀라움을 욥기 7장 13~14절에서 드러냅니다.

> "13 혹시 내가 말하기를 내 잠자리가 나를 위로하고 내 침상이
> 내 수심을 풀리라 할 때에 14 주께서 **꿈**으로 나를 놀라게 하시고
> **환상**으로 나를 두렵게 하시나이다"7:13~14

본문의 "꿈"과 "환상"이란 표현은 동의적인 표현으로, 엘리바스에게 임한 환상4:12~21을 지칭합니다.[34] 욥은 까닭 없이 고난받는 자신을 하나님께서 위로해 주시길 간절히 기대했습니다. 그런데 하나님께서 위로해 주시기는커녕, 환상의 메시지를 통해 오히려 자신을 죄인 취급하신다며 놀라움을 금치 못합니다. 그리고 깊이 탄식합니다. 환상 배후에 사탄이 있음을 모른 채 말입니다.

둘째, 욥은 자신이 무죄하다고 토로합니다. 친구들은 계속 욥을 정죄하지만, 자신은 재앙에 처할 어떤 죄도 짓지 않았다며 솔직하게 답합니다.[35]

> "나는 **온전하다**마는 내가 나를 돌아보지 아니하고 내 생명을 천
> 히 여기는구나"9:21

> "내가 죽기 전에는 나의 **온전함**을 버리지 아니할 것이라"27:5

셋째, 욥은 탄식과 기도로 하나님께 나아갑니다. 욥은 발언 내내 기도를 멈추지 않습니다. 예를 들어, 욥의 매우 어두운 탄식을 담고 있는 16~17장은 전형적인 시편 탄식시 구조를 띠고 있습니다.[36]

A. 세 친구의 발언, 욥의 발언(16:1~6)
  B. 하나님과 사람에게 버림받음; 사람들의 조롱(16:7~14)
    C. 욥의 탄식(16:15~17)
    D. 믿음의 고백(16:18~21)
    C′. 다가오는 죽음을 암시(16:22~17:1)
  B′. 조롱자들; 하나님과 사람에게 버림받음(17:2~9)
A′. 세 친구의 발언, 욥의 발언(17:10~16)

욥은 하나님께 자신의 아픔을 탄식으로 표현할 뿐만 아니라A~C, A′~C′, 정중앙인 D에서 하나님에 대한 신뢰와 믿음의 고백을 동시에 올려 드립니다. 그는 시편 기자들처럼, 탄식 가운데 하나님을 바라며 나아갑니다.

넷째, 욥은 하나님의 법정에 서서 자신의 억울함을 말씀드리고 싶다고 말합니다.[37]

"내가 하나님께 아뢰오리니 나를 정죄하지 마시옵고 무슨 까닭으로 나와 더불어 변론하시는지 내게 알게 하옵소서"10:2

"참으로 나는 전능자에게 말씀하려 하며 하나님과 변론하려 하

노라"13:3

다섯째, 욥은 하나님께서 자신을 만나주시고 신원하여 주시기를 눈물로 호소합니다.[38]

> "3 아, 그분이 계신 곳을 알 수만 있다면, 그분의 보좌까지 내가 이를 수만 있다면, 4 그분 앞에서 내 사정을 아뢰련만, …… 7 내게 아무런 잘못이 없으니, 하나님께 떳떳하게 말씀드릴 수 있을 것이다. 내 말을 다 들으시고 나서는, 단호하게 무죄를 선언하실 것이다."23:3~7(새번역)

여섯째, 그는 하나님 앞에서 자신을 중보할 대속자를 고대했습니다.[39] 예를 들어 욥기 19장을 보면, 욥은 이렇게 진술합니다.

> "25 내가 알기에는 나의 **대속자**가 살아 계시니 마침내 그가 땅 위에 서실 것이라 26 내 가죽이 벗김을 당한 뒤에도 내가 육체 밖에서 하나님을 보리라 27 내가 그를 보리니 내 눈으로 그를 보기를 낯선 사람처럼 하지 않을 것이라"19:25~27

욥은 이미 16장 19~21절에, 하나님 앞에서 자신을 변호해 줄 "중보자"를 갈망한 바 있는데, 본문 19장에서는 한 "대속자"에 대한 소망을 이야기합니다. 욥은 자신이 죽은 후 부활하여 하나님 앞에 떳떳이 서게 될 것이라 말하는데참고. 14:14~15, 대속자의 중보 사역으로 그렇게 될 것이라 말합니다. 우리는 알고 있습니다. 이 대속자는 바로 예수 그리스도이신데, 욥은 이 대속자를 고대하고 있습니다.[40]

일곱째, 욥은 보응원리의 현실적 괴리를 더욱 체감합니다. 욥은 발언을 시작하며 자신의 고난의 문제에 집중했습니다. 자신이 왜 억울하게 고난받아야 하는지 질문했습니다. 그런데 대화 후반부인 21장과 24장에 이르면, 욥은 자신의 문제를 넘어, 주변에서 일어나는 불합리한 일들을 직시하기 시작합니다. 먼저 21장에서, 악인이 형통한 것 같다고 말합니다.

"7 어찌하여 악인이 생존하고 장수하며 세력이 강하냐 8 그들의 후손이 앞에서 그들과 함께 굳게 서고 자손이 그들의 목전에서 그러하구나 …… 13 그들의 날을 행복하게 지내다가 잠깐 사이에 스올에 내려가느니라"21:7~13

또 24장에서는 하나님이 악인을 즉각 심판하시지 않는 것 같다고 토로합니다.

"9 어떤 사람은 고아를 어머니의 품에서 빼앗으며 가난한 자의 옷을 볼모 잡으므로 10 그들이 옷이 없어 벌거벗고 다니며 곡식 이삭을 나르나 굶주리고 11 그 사람들의 담 사이에서 기름을 짜며 목말라 하면서 술 틀을 밟느니라 12 성 중에서 죽어가는 사람들이 신음하며 상한 자가 부르짖으나 **하나님이 그들의 참상을 보지 아니하시느니라**"24:9~12

Job on the Dunghill (Gonzalo Carrasco [1881]) (Public domain)
출처: https://artvee.com/dl/job-on-the-dunghill

욥은 주변의 악인들이 절도, 살인, 간음, 강도질 등을 일삼으면서도 천벌을 받기는커녕 득세하는 것 같다고 말합니다. 더 충격적인 것은 이런 악인들에게 선량한 자들, 곧 고아, 과부, 가난한 자들이 압제당하며 고통 속에 방치되어 있더라는 것입니다. 이처럼 만연한 '악과 고난의 문제'에 하나님께서 왜 적극 개입하시지 않는지 의아해합니다. 과연 보응원리가 바르게 작동하고 있는지 욥의 의심과 탄식은 깊어 갑니다.

마지막으로, 욥은 발언 막바지에 이르러, 엘리바스 환상의 출처가 결코 하나님일 수 없다고 단언합니다.[41] 처음에는 욥도 세 친구처럼 환상의 기원이 하나님이시라고 생각했습니다욥:7:13~14. 그런데 26~27 장에 이르러서는 그럴 수 없다고 확신합니다. 친구들이 환상에 근거하여 자신을 계속 죄인으로 몰아가는데, 그 내용이 결코 사실이 아니기 때문입니다.

그래서 욥은 환상의 권위를 전면에 내세우며 자신을 정죄한 빌닷25:4~6에게, 26장에서 다음과 같이 날카롭게 반문합니다.

> "네가 누구의 도움으로 말하느냐 누구의 **숨결***네샤마*이 네게서 나왔느냐"26:4(필자의 번역)

여기서 "숨결"로 번역된 '네샤마'는 '영spirit'과 동의어인데, 욥은 지금 이렇게 질문합니다. "빌닷! 네가 근거한 엘리바스 환상의 출처가 누구지?" 지금 욥은 환상이 하나님으로부터 온 것일 수 없다고 단언합니다.

욥은 계속해서 27장에서, '하나님의 영'이 세 친구가 아닌 욥 자신과 함께하신다고 말합니다.

> "3 나의 **숨결***네샤마*이 아직 내 속에 완전히 있고 하나님의 **영***루아흐*이 아직도 내 코에 있느니라 4 결코 내 입술이 불의를 말하지 아니하며 내 혀가 거짓을 말하지 아니하리라"27:3~4(필자의 번역)

자신의 무고함과 억울함을 솔직하게 주장한 욥은, 하나님께서 그런 자신과 함께하신다고 확신합니다. 욥의 말이 맞습니다. 엘리바스의 환상은 하나님께로부터 오지 않았습니다. 하나님은 욥을 정죄하지 않으셨습니다. 비록 욥은 고통 가운데 있고 하나님께서 침묵하시는 것 같이 느껴지지만, 하나님은 분명히 욥의 편에 계십니다.[42]

9. 기도의 때

지금까지의 세 친구와 욥의 발언을 정리해 봅시다. 우선 세 친구는 바리새인과 같았습니다. 그들은 환상의 메시지를 맹신하며 '보응원리'의 잣대로 욥의 고난을 설명하려 했습니다. 그 결과, 그들의 말은 왜곡되고 거짓될 수밖에 없었습니다. 욥의 고난이 나아가 성도들의 무고한 고난이 모두 죄의 결과라는 터무니없는 주장을 펼쳤습니다.

한편, 욥은 믿음의 순례길을 걸어갔습니다.

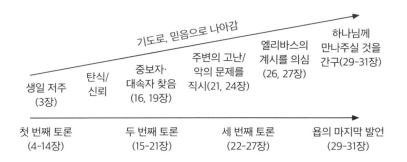

욥은 자신의 생일을 저주하는 깊은 절망에만 머물지 않았습니다3 장. 탄식 중에도 하나님을 신뢰하고, 중보자·대속자를 찾으며16, 19장, 자신의 문제뿐만 아니라 주변의 '악과 고난의 문제'를 직시했습니다 21, 24장. 또한 엘리바스의 환상을 의심하는 가운데26, 27장, 결국 하나님 께서 만나주시고 응답해 주시기를 간구했습니다29~31장. 특히 욥은 보 응원리를 믿지만, 보응원리로는 다 설명되지 않는 자신의 '고난의 문 제', 나아가 주변의 '악과 고통의 문제'를 솔직하게 대면하며 하나님 께 기도로 아뢰었습니다.[43] 참고로 성경에, 세 친구가 '기도했다'는 말 은 나오지 않지만, 욥은 계속 기도했습니다.

지금 누가 바른 길을 걸어가고 있습니까? 우리는 이미 욥기의 결 말을 알고 있습니다. 바로 '욥'입니다. 하나님께서 욥의 손을 들어주십 니다. 욥은 자신의 고난과 엘리바스의 환상 배후에 사탄이 있음을 알 지 못한 채, 억울하고 해결되지 않는 신학적 딜레마와 고통의 문제를 가지고 탄식과 눈물로 하나님께 나아갑니다. 그는 끝까지 하나님을 놓지 않았습니다.

여기서 우리는 중요한 교훈을 발견합니다. 고난 가운데 있는 성도 의 마땅한 자세는 '기도'라는 점입니다. 욥뿐만 아니라 다윗도 그랬습 니다. 다윗은 삶의 위기 때 기도했습니다. 사울 왕에게 쫓겨 목숨 걸 고 도주하는 상황에서도 탄식과 간구를 하나님께 올려드렸습니다예: 시34, 52, 54, 56, 57, 59, 142편. 그런 그의 기도가 시편에 그대로 기록되어 역경 가운데 있는 우리에게 큰 본이 되고 있습니다.

고난의 때는 '기도의 때'입니다. 하나님을 변함없이 붙들고 신뢰하며 나아갈 때입니다. 당장은 이해되지 않지만 하나님을 의지하며 나아갈 때, 하나님의 응답과 위로를 받으며 하나님이 주시는 아름다운 결말을 보게 될 것입니다.

묵상과 나눔을 위한 물음

1. 욥기 서언부1~2장와 결언부42:7~17는 '세 친구와 욥의 대화'4~27장를 어떤 관점에서 바라보게 합니까?

2. "욥에게 왜 고난이 임했을까?"의 문제를 놓고 세 친구와 욥은 큰 입장 차를 보입니다. 세 친구와 욥의 주장은 각각 무엇입니까?

3. 세 친구는 발언 내내 욥을 정죄하며 회개를 촉구합니다. 그들이 그런 입장을 끝까지 고수할 수 있었던 이유는 무엇입니까?

4. 세 친구가 계속 정죄하는 가운데 욥은 어떻게 반응합니까? 고난과 억울함의 문제를 대하는 욥의 모습 속에서 우리는 어떤 교훈을 얻을 수 있습니까?

Job

3장
참 지혜는 어디에?

지혜의 노래(욥기 28장)
&
욥과 엘리후의 발언(욥기 29~37장)

지혜의 노래(28장)는 세 친구의 어리석음을 드러내며

'고난과 악의 문제'에 대한

성도의 바람직한 자세가 무엇인지 알려줍니다.

여는 이야기

앞서 우리는 '세 친구와 욥의 대화'4~27장를 살폈습니다. 세 친구는 엘리바스의 환상4:12~21을 앞세워 욥을 정죄하며 회개를 재촉했고, 욥은 자신의 무고함을 말하며 이해할 수 없는 자신의 상황을 하나님께 탄식과 기도로 아뢰었습니다.

이번 장은 그다음 이야기를 다룹니다. 먼저 욥기의 중심이며 신학적 센터라 할 수 있는 '지혜의 노래'28장를 살펴보고, 이후 전개되는 욥의 마지막 발언29~31장과 엘리후의 발언32~37장을 차례로 봅니다.

주제 성경구절

"또 사람에게 말씀하셨도다 보라 주를 경외함이 지혜요 악을 떠남이 명철이니라"욥28:28

들여다보기

1. 지혜의 노래(28장)

세 친구와 욥의 긴 토론4~27장이 끝난 후 '지혜의 노래'28장가 이어 나옵니다. 아래 구조가 보여주듯 욥기 28장은 욥기의 정중앙에 위치합니다.[44]

A. 욥의 고난(1~2장)

  B. 욥이 자신의 생일을 저주함(3장)

    C. 세 번의 대화(4~27장) - **엘리바스가 받은 계시(4:12~21)**

      첫 번째 대화(4~14장)

      두 번째 대화(15~21장)

      세 번째 대화(22~27장)

      D. 지혜는 어디서 찾을 수 있나?(28장) - **나레이터가 전하는 계시**

    C'. 세 번의 발언(29~41장)

      욥의 마지막 발언(29~31장)

      엘리후의 발언(32~37장)

      하나님의 말씀(38:1~42:6) - **욥이 받은 계시**

  B'. 욥이 세 친구를 위해 중보함(42:7~9)

A'. 욥의 회복과 번영(42:10~17)

우선 서언부1~2장와 결언부42:7~17가 욥기 전체를 감싸고, 그 사이에 본론부C~D~C'가 있습니다. 특히 28장을 기점으로, 앞에는 세 친구와 욥의 '세 번의 대화'가 나오고, 뒤에는 '세 번의 발언', 즉 욥의 마지막 발언, 엘리후의 발언, 하나님의 말씀이 각각 위치합니다.

이런 구조적 흐름 속에서 28장은 욥기의 핵심 메시지를 담고 있는데, '악과 고난의 문제'를 다스리시는 등의 하나님의 '통치 지혜'는 인간이 결코 알 수 없다는 메시지를 우리에게 전합니다.[45] 다음 본문이 이를 잘 보여줍니다.

"12 그러나 지혜는 어디서 얻으며 명철이 있는 곳은 어디인고 13 그 길을 사람이 알지 못하나니 사람 사는 땅에서는 찾을 수 없구나 …… 23 하나님이 그 길을 아시며 있는 곳을 아시나니 24 이는 그가 땅 끝까지 감찰하시며 온 천하를 살피시며"28:12~24

이 본문의 목소리는 앞선 발언자들과는 다른 '신적 나레이터'의 목소리입니다.[46] 이 나레이터는, '하나님의 통치 지혜'는 인간이 접근하거나 파악할 수 있는 영역이 아니라고 말합니다.

참고로 구약에는 세 종류의 지혜가 나옵니다.[47] 먼저, 1차원적인 지혜는, 성소 기물 등을 만드는 '기능적 지혜'입니다출31:6. 다음으로 2차원적인 지혜는 '도덕적·신학적 지혜'로서, 앞서 살펴본 잠언의 보응원리가 여기에 해당합니다. 마지막으로, 3차원적인 지혜는 인간이 도달할 수 없는 영역으로, '악과 고난의 문제' 등을 다스리시는 '하나님의 통치 지혜'가 여기에 속합니다. 곧 신적인 영역의 지혜로서, 28장이 말하는 바로 그 지혜입니다. 로마서 11장은 이 지혜를 다음과 같이 묘사합니다.

"깊도다 하나님의 지혜와 지식의 풍성함이여 그의 판단은 헤아리지 못할 것이며 그의 길은 찾지 못할 것이로다"롬11:33

2. '하나님의 지혜'에 대한 인간의 반응

이처럼 '하나님의 통치 지혜'를 인간이 알 길이 없다면, 욥과 같이 고난 가운데 있는 성도는 어떤 자세를 취해야 할까요? 욥기 28장의 결론이라 할 수 있는 28절이 이를 알려줍니다. 28장의 흐름을 보면, 먼저 1~11절은 사람이 획득할 수 있는 세상 보화에 대해 기술합니다. 한편, 12~27절은 세상 보화와 비교되지 않는 '하나님의 통치 지혜'를 이야기하는데, 이 영역은 인간의 지성으로 알 수도 없고 범접할 수도 없는 영역이라 말합니다.

이런 한계를 말한 뒤, 28절에서 다음의 결론을 우리에게 제시합니다.

> "또 사람에게 말씀하셨도다 보라 주를 경외함이 지혜요 악을 떠남이 명철이니라" 28:28

이 본문은 28장의 결론이자 절정으로서, '악과 고난의 문제'에 대한 인간의 바람직한 자세가 무엇인지를 보여줍니다. 창조세계를 다스리시는 하나님의 계획과 지혜를 비록 인간이 알 수 없지만, 하나님의 완전하신 통치를 신뢰하며 그분을 변함없이 경외하고 악에서 떠나는 것이 지혜와 명철의 길이라는 것입니다.[48] 때로 욥처럼 억울한 상황에 놓이고, 주변에 악인들이 활개 치는 것을 경험하지만, 하나님께서 하나님의 때에 신원하시고 공의로 다스리심을 확신하며 변함없이 믿음과 순종의 길을 걸어가라는 것입니다.

이것이 28장이 전하는 욥기의 핵심 메시지입니다. 다시 정리하면 두 가지입니다. 첫째, '악과 고난의 문제'를 비롯한 창조세계에 대한 하나님의 통치는 우리가 알 수 없다는 것, 둘째, 그럼에도 불구하고 하나님의 완전한 통치를 신뢰하고 기다리며 여호와를 경외하는 삶을 살아야 한다는 것입니다.

3. 욥기 28장과 '세 친구와 욥'

한편, 욥기 28장은 앞서 있었던 '세 친구와 욥의 대화'4~27장에 대한 판결을 내려줍니다. 기억하시나요? 욥과 세 친구는 '욥의 고난과 하나님의 창조세계 통치'라는 주제를 놓고 세 번에 걸쳐 열띤 토론을 벌였습니다. 특히 세 친구는 엘리바스의 환상4:12~21에 근거하여, 욥에게 숨겨진 죄가 있어서 하나님이 욥을 징계하셨다고 주장했습니다. 즉 하나님께서 이 세상을 '보응원리'로 철저히 다스리시며, 욥의 고난은 죄에 대한 하나님의 응당한 형벌이라고 단언했습니다. 욥은 자신이 무고하다고 주장했지만그리고 실제 욥의 고난과 환상 배후에는 사탄이 있었는데도, 세 친구는 초지일관 보응원리의 틀에서만 하나님의 통치를 설명하려 했습니다.[49]

그러나 28장의 가르침에 견주어 볼 때, 세 친구의 말은 옳지 않습니다. 세 친구는 하나님의 길과 통치를 잘 안다고 자부했지만, 28장에 따르면 사실상 그들은 무지를 쏟아내는 어리석은 자들에 불과했습니다. 3차원적인 지혜인 '악과 고난의 문제'를 다스리시는 '하나님의 통치 지혜'를, 2차원적인 지혜인 보응원리의 관점에서 논하는 심각한 우를 범합니다.[50]

반면, 욥은 28장의 관점에서 더 바른 길을 간 것 같습니다.[51] 욥은 함부로 하나님의 통치를 말하기보다, 자신의 고난의 문제가 보응원리로 잘 설명되지 않는다는 솔직한 태도를 견지합니다. 그리고 이 문제를 가지고 하나님께 기도드렸습니다.

특히, 28장 28절의 핵심 표현이 욥기 서론부의 욥을 소개하는 구절에서 반복된다는 점을 눈여겨봐야 합니다.

"또 사람에게 말씀하셨도다 보라 주를 **경외**함이 지혜요 **악을 떠남**이 명철이니라"28:28

"우스 땅에 욥이라 불리는 사람이 있었는데 그 사람은 온전하고 정직하여 하나님을 **경외**하며 **악에서 떠난 자**더라"1:1

"여호와께서 사탄에게 이르시되 네가 내 종 욥을 주의하여 보았느냐 그와 같이 온전하고 정직하여 하나님을 **경외**하며 **악에서 떠난 자**는 세상에 없느니라"1:8; 2:3

'경외'와 '악에서 떠남'이란 표현이 욥에게 그대로 적용되고 있는데, 이것의 의미는 무엇일까요? 욥은 재산과 자녀를 다 잃는 시련 중에도 불평하거나 원망하지 않고 오히려 하나님을 신뢰하며 경배를 올려드렸습니다1:20~22. 이어지는 세 친구와의 토론 속에서도, 이해되지 않는 자신과 주변의 '고난과 악의 문제' 앞에 함부로 '하나님의 통치'를 속단하지 않고, 하나님께 기도하며 그분의 응답을 기다렸습니다. 하나님께서 칭찬하셨던 욥의 신앙1:1, 8; 2:3이 긴 고난과 억울한 상황 속에서도 계속 발휘되고 입증된 것입니다.[52] 이런 차원에서 욥은 28장의 관점에서 세 친구보다 더 바른 길을 걸었습니다.

4. 욥기와 잠언

이에 덧붙여, 욥기 28장을 구약 지혜서의 관점, 특히 잠언과의 관계 속에서 이해할 필요가 있습니다. 지금까지 책을 읽으며 이런 의문이 드실 수 있습니다. "그럼 욥의 경우가 보여주듯, 잠언이 가르치는 '보응원리'가 틀렸단 말인가? 잠언은 '의인은 복 받고 악인은 망한다'는 가르침으로 가득한데, 욥기의 경우는 정반대이지 않은가?", 라고 말입니다.

우선, 잠언의 보응원리가 틀렸다고 보아서는 안 됩니다. 잠언의 가르침대로, 하나님은 반드시 하나님의 때에 개입하시고 선악 간에 심판하실 것입니다. 마지막 심판 때에는 더욱 그러합니다.[53] 한편 욥기가 잠언의 가르침을 확장하여 설명하려는 바는, 보응원리에 관한 하나님의 개입 시점을 우리가 알 수 없다는 점입니다.[54] 다시 말해 28장의 메시지처럼, 하나님이 '악과 고난의 문제'를 다스리시는 '통치 지혜'는 인간이 이해할 수 있는 영역 밖에 있습니다.

이런 차원에서 잠언은 2차원적인 지혜를, 욥기는 3차원적인 지혜를 이야기하는 책이라고 할 수 있습니다.[55] 우선 잠언은 2차원적인 신학적, 도덕적 지혜로 보응원리 그 자체를 가르칩니다. '의인은 복 받고 악인은 망한다'라는 기본 명제를 우리에게 제시합니다. 지난 장에서 잠언 내에 이와 관련된 구절이 많음을 이미 살폈습니다. 예를 들면 다음과 같습니다.

"악인의 집에는 여호와의 저주가 있거니와 의인의 집에는 복이 있느니라"잠3:33

"악한 자의 집은 망하겠고 정직한 자의 장막은 흥하리라"잠14:11

한편, 욥기는 3차원적인 지혜의 관점에서 보응원리를 바라보게 합니다. 분명히 하나님은 공의로운 분이시고 보응원리로 다스리시지만, 그분의 통치와 계획은 우리의 이해를 넘어섭니다. 다시 말해 하나님은 속히 개입하거나 더디게 개입하실 수 있고, 마지막 심판 날까지 그 시점을 유보하실 수도 있습니다. 이것은 전적으로 하나님의 주권, 즉 '하나님의 완전한 지혜'의 영역입니다.

욥기는 이 과정에서 때로 우리가 욥처럼 억울하게 고통받을 수 있음을 말해줍니다. 악인이 잘되고 득세하는 반면, 의인이 어려움에 처하는 현실을 얼마든지 겪을 수 있다는 것입니다. 사실, 믿음의 선진들의 무수한 고난 이야기가 이를 잘 증명합니다. 그들은 믿음 때문에, 말씀 때문에, 복음 때문에 고통을 겪었습니다. 심지어 순교의 자리에까지 이르렀습니다. 이 점에 있어 우리의 현실 또한 크게 다르지 않습니다.

하지만 분명한 것은, 하나님께서 신실한 자들을 회복시키시며 신원하여 주시고 악인들을 심판하실 때가 '반드시' 온다는 것입니다. 보응원리의 가르침처럼, 하나님의 공의는 '반드시' 실현될 것입니다. 그래서 28장 28절의 말씀처럼, 우리는 이해되지 않는 상황 속에서도 낙심하지 않을 수 있습니다. 하나님의 통치를 끝까지 신뢰할 수 있습니다. 결국 욥이 하나님을 만나 회복과 위로를 누렸던 것처럼, 인내하는 우리에게도 아름다운 결말이 기다리고 있습니다약5:10~11.

요컨대, 욥기는 잠언의 보응원리에 대한 우리의 이해를 한 차원 더 성숙하도록 이끌어 줍니다. 잠언과 욥기는 결코 서로 모순되지 않습니다. 잠언은 보응원리의 기본 명제를, 욥기는 보응원리의 실천적인 부분을 알려줍니다.[56] 결국 두 책이 함께 보응원리의 더 완벽한 그림을 그려줍니다. 이것이 우리가 고난 가운데 인내할 수 있는 이유입니다. 하나님의 완전한 때에 하나님의 공의가 온전히 실현될 것이기 때문입니다.

5. 욥의 마지막 발언(29~31장)

욥기의 신학적 센터인 28장 뒤에 세 발언이 이어지는데, 욥의 마지막 발언29~31장, 엘리후의 발언32~37장, 하나님의 말씀38~41장이 나옵니다. 본 장에서는 욥과 엘리후의 발언을 살피고, 다음 장에서 욥기의 절정인 '하나님의 말씀'을 상세히 보겠습니다.

먼저, 욥의 발언입니다. 욥은 4장부터 27장까지 이미 세 친구와 난상 토론을 벌인 바 있는데, 29부터 31장에서는 세 친구가 아닌 하나님께 마지막으로 호소하고 간구합니다. 더 이상 세 친구와 논쟁하던 욥의 말투가 아닙니다. 마치 임종을 앞둔 사람처럼, 마지막으로 간절하게 자신의 마음을 하나님 앞에 쏟아놓습니다.

Job (Leon Bonnat [1880]) (Public domain)
출처: https://commons.wikimedia.org/wiki/File:L%C3%A9on_Bonnat_-_Job.jpg

우선 29장에서, 그는 과거에 누렸던 영화스러운 날들을 회상하며 그리워합니다. 하나님께서 자신의 생애에 많은 복을 주셨다고 고백합니다. 가정에 복을 주셨고29:2~6, 사회적 지위와 명예를 주셨으며 29:7~10, 이웃에게 하나님의 복을 흘려보내는 통로가 되게 하셨다고 말합니다29:11~17, 21~25.

한편, 30장에서는 그 상황이 완전히 역전되었다고 말합니다. 더 이상 자신이 존경받는 복의 통로가 아니라 경멸과 놀림을 받게 하셨고 30:1~10, 인신공격의 대상이 되었다고 말합니다30:12~15. 이런 억울한 상황을 하나님께 아뢰어도 하나님은 계속 침묵으로 일관하신다고 말합니다30:24~31. 욥은 이처럼, 과거와 너무 달라진 자신의 처참한 상황을 토로하며 깊이 탄식합니다.

이제 욥은 31장을 마지막으로 더 이상 발언하지 않는데, 자신이 그동안 하나님 앞에서 어떻게 바르게 살려고 노력했는지 낱낱이 아룁니다. 이 책의 1장에서 잠시 살폈듯이, 그는 열네 가지 목록을 열거하며 하나님 앞에서 신실하고 정결하게 살려고 노력했던 자신의 과거를 이야기합니다. 자신이 지금 고난을 당해야할 어떤 잘못도 저지르지 않았다고 말합니다. 그리고 하나님께서 그런 자신을 돌아봐 주시길 간구합니다.

이처럼 욥은 절망의 나락에서도 끝까지 하나님께 기도드렸습니다. 마지막 순간까지 하나님을 놓지 않으며 자신의 모든 상황을 하나님께 맡겼습니다. "어두움 후에 빛이 오며 / 바람 분 후에 잔잔하고 / 소나기 후에 햇빛 나며 / 수고한 후에 쉼이 있네"라는 찬양의 가사처럼찬송가 487장, 욥의 역경의 시간도 그 끝을 향해 나아가고 있습니다.

6. 엘리후의 발언(32~37장)

이 시점에서 우리는 하나님이 나타나셔서 사랑하시는 종, 욥에게 응답하고 위로해 주시길 기대합니다. 그런데 하나님이 아닌, 한 젊은

이 엘리후가 등장하여 수많은 말을 쏟아 놓습니다하나님께서는 엘리후의 발언이 끝난 뒤에 나타나십니다. 그가 누구이고 어디서 왔는지 성경은 밝히지 않지만, 분명한 것은 그가 아주 많은 말을 내뱉었다는 점입니다. 욥기에서 무려 여섯 장32~37장 분량이나 되는 긴 연설을 늘어놓습니다.

엘리후의 발언을 살피기에 앞서, 그의 발언의 특성을 미리 알 필요가 있습니다. 그는 어떤 주장을 펼칠까요? 결론적으로 평하자면, 그는 앞선 세 친구와 크게 다르지 않습니다.[57]

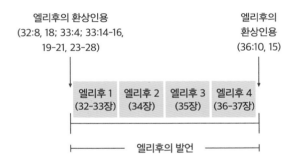

위의 도표가 보여주듯, 엘리후 역시 엘리바스의 환상을 인용하는 말로 시작해 환상 인용으로 마무리합니다. 결국 엘리후도 세 친구처럼, 엘리바스의 환상에 기초해 욥을 정죄하고 회개를 촉구하는 패턴을 그대로 답습합니다.

엘리후의 발언은 크게 네 부분으로 나뉘는데①32~33장; ②34장; ③35장; ④36~37장, 지면의 한계상 서언과 결언 역할을 하는 엘리후의 첫 발언32~33장과 끝 발언36~37장만 간략히 살펴봅니다.

The Wrath of Elihu (William Blake [1805]) (Public domain)
출처: https://en.wikipedia.org/wiki/Elihu_(Job)

7. 세 친구를 지지하는 엘리후

우선 첫 발언32~33장인데, 여기서는 엘리후가 세 친구를 옹호한 뒤, 자신도 세 친구처럼 엘리바스의 환상에 근거해 욥에게 회개를 촉구할 것이라 말합니다. 먼저 엘리후가 세 친구를 지지하는 내용인 욥기 32장 7~9절입니다.

"7 내가 말하기를 나이가 많은 자가 말할 것이요 연륜이 많은 자가 지혜를 가르칠 것이라 하였노라. 8 분명히 (하나님의) **영*루아흐***

이 사람 속에 있고 전능자의 **숨결**_네샤마_이 그들에게 깨달음을 주시나니 9 많은 자들이 지혜로운 것이 아니라 노인들이 옳은 것을 이해하고 있느니라."32:7~8(필자의 번역)

위의 내용은 필자가 번역한 것으로, 개역개정판 번역과 조금 다릅니다.[58] 먼저 7절을 보시면, "나이가 많은 자" 및 "연륜이 많은 자" 모두 세 친구를 지칭하는데, 엘리후는 이들이 지혜를 가르쳐야 한다고 말합니다. 또 9절을 먼저 보시면, 많은 자들이 지혜로운 것이 아니라 노인들, 그러니까 세 친구가 옳은 것을 이해하고 있다고 말합니다.

무엇보다 8절에 대한 해석이 중요한데요. 8절에서 "(하나님의) **영**_루아흐_이 사람 속에 있고 전능자의 **숨결**_네샤마_이 세 친구에게 깨달음을 주시나니"라고 말하는데, 여기서 '깨달음'이란 엘리바스의 환상을 가리킵니다. 결국 하나님으로부터 그 환상이 왔고, 그것에 근거해 주장을 펼친 세 친구의 말이 옳다는 것입니다.[59]

8절에서 특히 주목할 두 단어가 '**영**_루아흐_'과 '**숨결**_네샤마_'입니다. 기억하시나요? 욥은 26~27장에서, 엘리바스 환상의 출처가 하나님일 수 없다고 단언하면서 다음과 같이 말했습니다.

"네가 누구의 도움으로 말하느냐 누구의 **숨결**_네샤마_이 네게서 나왔느냐"26:4(필자의 번역)

"3 나의 **숨결**_네샤마_이 아직 내 속에 완전히 있고, 하나님의 **영**_루아_

ㅎ이 아직도 내 코에 있느니라 4 결코 내 입술이 불의를 말하지
아니하며 내 혀가 거짓을 말하지 아니하리라"27:3~4(필자의 번역)

욥은 엘리바스 환상의 영적 주체가 하나님일 수 없고 오히려 하나
님께서 무고함을 주장하는 자신과 함께하신다는 의미에서, 27장 3절
에 '영*루아흐*'과 '숨결*네사마*'이라는 표현을 자신에게 적용해 사용한 바
있습니다.[60]
그런데 엘리후가 이 표현을 32장 8절에 그대로 가져와 욥을 정면
으로 반박합니다. '영'과 '숨결'이란 표현을 다시 세 친구에게 적용하
여, '세 친구에게 하나님의 영*루아흐*이 계시고 하나님의 숨결*네사마*이
그들에게 깨달음을 주신다'라고 기술합니다. 즉, 욥의 주장과 달리, 엘
리바스 환상의 기원이 하나님이신 게 맞고, 따라서 욥을 정죄한 세 친
구가 옳다는 것입니다. 이처럼 엘리후는 '하나님의 영'이 누구와 함께
하시느냐에 대한 논쟁을 펼쳐갑니다. 앞서 욥은 하나님의 영이 자신
과 함께하신다고 말했고27:3, 엘리후는 이를 반박하며 하나님의 영이
세 친구와 함께하신다고 주장합니다32:8.[61]

8. 세 친구의 뒤를 이어

세 친구를 이처럼 전폭적으로 지지한 엘리후는, 욥기 32장 10~16
절에서 왜 자신이 발언해야 하는지를 설명합니다. 그 이유는 의외로
간단합니다. 세 친구가 더 이상 발언하지 않기 때문입니다32:16.[62] 엘
리후는 이제 자신이 세 친구의 뒤를 이어 그들이 못다 한 과업, 즉 '욥

을 죄에서 돌이키게 하는 사명(?)'을 이어가겠다고 선포합니다.

이를 뒷받침하기 위해 엘리후는 32장 18절과 33장 4절에서 놀라운 선포를 하는데, 자신 또한 세 친구처럼 '하나님의 영', 다시 말해 '전능자의 숨결'을 지녔다고 주장합니다.

> "내 배 속에 있는 (하나님의) **영루아흐**이 나를 압박함이니라." 32:18(필자의 번역)

> "하나님의 **영루아흐**이 나를 지으셨고 전능자의 **숨결네샤마**이 내게 생명을 주시느니라." 33:4(필자의 번역)

지금 엘리후는 '영'과 '숨결'이라는 표현을 자기에게 적용하고 있습니다. 이것의 의미는 두 가지입니다. 첫째, 엘리바스의 환상이 하나님으로부터 온 것이 확실하다는 것입니다. 둘째, 자신도 세 친구처럼 엘리바스의 환상을 앞세워 욥을 정죄하고 회개를 촉구하겠다는 것입니다.[63]

이런 그의 의도가 33장 14~30절에서 재확인됩니다. 이 본문은 유사한 내용을 담고 있는 두 개의 주제 구절, 곧 14절과 29~30절로 감싸져 있습니다.

> "하나님은 **한 번** 말씀하시고 **다시** 말씀하시되 사람은 인지하지 못하도다." 33:14(필자의 번역)

"29 실로 하나님이 사람에게 이 모든 일을 **재삼**두 번 세 번 행하심
은 30 그들의 영혼을 구덩이에서 이끌어 생명의 빛을 그들에게
비추려 하심이니라"33:29~30

하나님께서 두 번, 세 번 반복해서 말씀하시고 행하셨다는 것은,
'하나님께서 엘리바스의 환상을 통해 먼저 말씀하셨고, 세 친구의 입
을 통해 계속해서 욥에게 경고하셨으며, 마지막으로 엘리후 자신을
통해 지금 말씀하신다'는 의미로 볼 수 있습니다.[64]
　아니나 다를까, 엘리후는 33장 14~30절 내에서 엘리바스의 환상을
광범위하게 인용합니다. 지금 우리는 엘리후의 첫 발언32~33장을 보고
있는데, 다음 도표를 통해 첫 발언과 끝 발언36~37장을 함께 살펴보는
것이 좋겠습니다. 엘리후는 엘리바스의 환상을 자신의 첫 발언뿐만
아니라 끝 발언에도 동일하게 배치합니다.[65]

주제	첫 발언(32~33장)	끝 발언(36~37장)
① 엘리바스 환상	33:15 (사람이) 침상에서 졸며 사람이 깊이 잠들 때에나 꿈에나 밤에 환상을 볼 때에 33:16 그가 사람의 **귀**(אֹזֶן)를 **여시고**(גלה) **경고**(מוֹסָר)로써 두렵게 하시니	36:10 그들의 **귀**(אֹזֶן)를 열어(גלה) **경고**(מוֹסָר)를 듣게 하시며 명하여 죄악에서 돌이키게 하시나니 36:15 그의 **귀**(אֹזֶן)를 여시나니(גלה)

② 엘리바스 환상의 목적	33:17 이는 사람에게 그의 행실을 버리게 하려 하심 이며 사람의 교만을 막으 려 하심이라	36:9 그들의 소행과 악행 과 자신들의 교만한 행위 를 알게 하시고 36:10 명하여 죄악에서 돌 이키게 하시나니
③ 욥의 고난은 회개하라는 하나님의 경고	33:19 혹은 사람이 병상의 고통과 뼈가 늘 쑤심의 징 계를 받나니	36:8 혹시 그들이 족쇄에 매이거나 환난의 줄에 얽 혔으면 36:15 하나님은 곤고한 자 를 ……
④ 만약 욥이 환상의 메시지에 순종한다면	33:25 그의 살이 청년보다 부드러워지며 젊음을 회복 하리라 33:26 하나님이 은혜를 베 푸사 그로 말미암아 기뻐 외치며 하나님의 얼굴을 보게 하시고	36:11 만일 그들이 순종하 여 섬기면 형통한 날을 보 내며 즐거운 해를 지낼 것 이요
⑤ 만약 욥이 환상의 메시지에 순종하지 않는다면	33:18 그 **생명**(חַיָּה)을 **칼** (שֶׁלַח)에 맞아 **멸망**(עבר) …… 33:22 그의 **영혼**(נֶפֶשׁ)은 구 덩이에, 그의 **생명**(חַיָּה)은 **죽이는**(מות) 자에게 가까워 지느니라	36:12 만일 순종하지 아니 하면 **칼**(שֶׁלַח)에 **멸망**(עבר) 하며 지식 없이 죽을 것이 니라 36:14 그들의 **영혼**(נֶפֶשׁ)은 젊어서 **죽으며**(מות) 그들 의 **생명**(חַיָּה)은 남창과 함 께 있도다

먼저, 환상의 메시지를 33장 15~16절과 36장 10절과 15절에서 인용한 엘리후는, 둘째, 하나님이 '엘리바스 환상4:12~21을 주신 목적'을 이야기하는데, 욥이 '죄에서 돌이키게 하시기 위함'이라 말합니다.[66] 셋째, 욥에게 임한 고난은 '회개하라'는 하나님의 '경고 사인'이라 말한 뒤, 넷째, 만약 욥이 이 환상의 메시지에 '순종한다면' 회복되겠지만, 다섯째, 만약 욥이 환상의 메시지에 '순응하지 않는다면' 지금 상태에서 회복되지 못할 뿐만 아니라 영원한 파멸에 이를 것이라 경고합니다.[67]

9. 엘리후의 어리석음과 교훈

이미 세 친구가 많은 말을 늘어놓아 그만해도 될 듯한데, 또 엘리후가 일어나 욥을 정죄하는 말을 쏟아부었습니다. 분명 엘리후의 열심은 대단하지만, 잘못된 열심이라는 점에서 안타까움을 자아냅니다. 그는 세 친구와 크게 다르지 않았습니다. 그도 환상의 메시지를 전면에 내세워 욥을 향해 죄인인 양 추궁하는 실수를 범합니다. 이런 점에서 엘리후 역시 틀렸습니다.

특히 욥기의 신학적 센터인 28장의 관점에서 평가해 볼 때, 엘리후 역시 세 친구처럼 '하나님의 통치 지혜'를 함부로 논하는 어리석음을 범했습니다.[68] 엘리후는 스스로 하나님의 길을 알며 하나님을 대변한다고 생각했을지 모르나36:2~4, 2차원적인 지혜인 '보응원리'라는 사고의 틀에서 크게 벗어나지 못했습니다. 일군의 학자들은 38~41장에 하나님께서 나타나 말씀하시는 가운데 제일 먼저 엘리후를 책망하시

는 것으로 봅니다 "무지한 말로 생각을 어둡게 하는 자가 누구냐"(38:2).[69]

우리는 세 친구와 엘리후의 사례를 통해, 고난의 문제 앞에서 남을 함부로 판단하고 정죄하는 우를 범하지 말아야 함을 배웁니다. 그보다는 고난 당하는 자의 슬픔을 공감하고 위로해 주며 기도해주는 지혜가 필요합니다. "즐거워하는 자들과 함께 즐거워하고 우는 자들과 함께 울라"라는 로마서 12장 15절의 말씀을 기억해야 합니다.

엘리후 때문에 욥의 고통의 시간이 더 길어졌지만, 이제 더 이상은 아닙니다. 하나님께서 곧 나타나셔서 모든 것을 바로잡으실 것입니다. 욥을 신원하며 위로해 주실 것입니다. 아무리 역경의 터널이 길다 해도, 그 끝이 있다는 점이 감사합니다.

다음 장에서는 욥기의 절정이라 할 수 있는 '하나님의 말씀' 38~41장을 살펴봅니다.

Job, 2nd plate (Alphonse Legros [1837/1911]) (Public domain)
출처: https://artvee.com/dl/job-2nd-plate

묵상과 나눔을 위한 물음

1. 욥기 28장에 따르면, 창조세계를 통치하시며 특히 '고난과 악의 문제'를 다스리시는 하나님의 지혜를 인간은 알 수가 없습니다. 이런 사실 앞에, 욥기 28장 28절은 우리가 어떤 자세를 취하는 것이 참 지혜라 말합니까?

2. 잠언이 '보응원리'에 대한 기본 가르침을 제시한다면, 욥기는 '보응원리'에 대한 이해를 더 성숙한 단계로 이끌어 준다고 했습니다. 그 차이가 무엇인지 이야기해 봅시다.

3. 때로는 악인이 잘되는 것 같고, 욥처럼 신실한 성도가 고난을 겪을 수 있습니다. 그럼에도 불구하고 우리가 끝까지 하나님의 통치를 신뢰할 수 있는 근거가 무엇입니까?

4. 엘리후는 세 친구와 크게 다르지 않은 주장을 펼쳤습니다. 특히 욥기 28장의 관점에서 볼 때, 엘리후는 어떤 실수를 범했습니까?

Job

4장
하나님이 응답하시다

하나님의 말씀(욥기 38~41장)

애타게 하나님을 찾던 욥에게 드디어
하나님이 응답하십니다.
욥의 고난의 원인과 해결책을 알려주시며
욥을 위로하십니다.

여는 이야기

지난 장에서 욥은 마지막 간구를 올려드리며, 하나님께서 나타나셔서 응답해 주시길 간절히 바랐습니다29~31장. 그런데 하나님이 아닌 엘리후가 등장했고, 욥은 죄인처럼 추궁당하는 수모를 다시 겪어야 했습니다32~37장. 만약 욥기가 엘리후의 발언을 끝으로 막을 내렸다면, 욥은 참으로 비극적인 결말을 맞았을 것입니다. '고난과 악의 문제'를 고민하는 우리에게도, 욥기는 그 어떤 해답을 주지 못했을 것입니다.

그러나 하나님은 욥을 내버려 두시지 않습니다. 모세와 엘리야 같은 종들에게 자신을 드러내신 것처럼, 욥을 사랑하시는 하나님께서 욥에게 나타나 말씀하시며 응답해 주십니다.[70] 이 장에서는 욥기의 절정인 하나님의 말씀38~41장을 살펴봅니다.

주제 성경구절

"그 때에 여호와께서 폭풍우 가운데에서 욥에게 응답하여 이르시되"욥38:1(필자의 번역)

들여다보기

1. 응답하시는 하나님

욥기가 우리에게 큰 위로를 주는 이유는, 하나님께서 욥의 기도에 '응답'하셨다는 점입니다. 인간의 힘으로 해결할 수 없는 어려움 속에서 하나님만 바라며 기도할 때 하나님께서 '응답'하시고 '구원'하신다는 사실이, 그 어떤 역경도 버틸 힘을 줍니다.

특히 욥기 38장 1절이 이를 잘 보여줍니다. 개역개정 성경은 38장 1절을 "그 때에 여호와께서 폭풍우 가운데에서 욥에게 **말씀하여**아나 이르시되"라고 번역하는데, 본문에 사용된 히브리어 동사 '아나'의 기본 의미는 '응답하다'입니다. 따라서 "욥에게 **응답하여**아나 이르시되"가 더 바른 번역이라 할 수 있습니다. 즉, 하나님께서 욥의 기도에 응답하셨습니다.

더욱 이렇게 볼 수 있는 근거는 시편 22편과의 연관성 때문입니다. 학자들은 다윗의 탄식시인 시편 22편이 구조, 내용, 표현에 있어 욥기와 밀접히 연결됨을 주목합니다.[71] 지면의 한계상 이를 다 살펴볼 수 없기에 한 가지만 언급하면, 시편 22편과 욥기는 구조가 유사합니다.[72]

	시편 22편	욥기
전반부 (고난·탄식)	[1~21절 상반절] 무고한 고난, 하나님께 탄식, 도우심을 간구	[1~37장] 무고한 고난, 하나님께 탄식, 도우심을 간구
후반부 (응답·구원)	[21절 하반절~31절] 하나님의 응답과 구원 찬양	[38~42장] 하나님의 응답과 구원

시편 22편과 욥기 모두, 크게 두 부분, 즉 '전반부'와 '후반부'로 나눌 수 있습니다. '전반부'는 무고한 고난 가운데 탄식하며 하나님께 도움을 간구한다면, '후반부'는 하나님의 응답과 구원에 관한 내용을 담고 있습니다. 눈여겨볼 것은, '고난과 탄식'의 상황에서 '응답과 구원'으로 넘어가는 결정적 전환점이, '하나님께서 기도에 응답하신다'는 시편 22장 21절 하반절과 욥기 38장 1절이라는 점입니다.[73]

"(주께서) 내게 **응답하시고***아나*" 시22:21 하반절

"그 때에 여호와께서 폭풍우 가운데에서 욥에게 **응답하여***아나* 이르시되" 욥38:1 (필자의 번역)

두 구절 모두 히브리어 '아나' 동사를 사용합니다. 절체절명의 위기 가운데 하나님께 간절히 부르짖었던 다윗과 욥, 그들이 깊은 수렁에서 벗어날 수 있었던 유일한 이유는 하나님께서 응답하셨기 때문

입니다. 우리도 마찬가지입니다. 하나님만이 우리에게 구원과 회복을 주십니다. '하나님은 자신을 신뢰하며 찾는 자에게 반드시 응답하신 다'는 사실을 기억하며, 어떤 역경 속에서도 변함없이 하나님께 부르 짖어야 합니다.

2. 욥기 28장 ⇨ 하나님의 말씀(38~41장)

이제부터 살필 하나님의 말씀은 특히 욥기의 신학적 센터인 욥기 28장의 관점에서 이해해야 합니다. 28장은 '악과 고난의 문제' 등을 다스리시는 '하나님의 통치 지혜'를 인간이 알 수 없음을 강조하는데, 특히 하나님은 38~41장의 말씀 가운데 그 지혜의 '일부'를 드러내십 니다.

앞서 세 친구와 욥4~27장 및 엘리후32~37장는 '하나님이 창조세계를 어떻게 통치하시는가?'를 놓고 열띤 토론을 벌였습니다. 특히 욥은 자 신의 억울한 처지와 주변의 악인들이 번영하는 상황을 바라보며 하나 님의 공의로운 통치를 의심했습니다. 그리고 이 신학적 딜레마를 하 나님께 기도로 간절히 아뢰었습니다.

바로 이 질문에 대해, 하나님께서 38~41장에 상세히 답변해 주십 니다. 욥의 질문은 두 가지로 요약될 수 있습니다. 먼저 보응원리가 제대로 작동하지 않는 것 같다는 의미에서 '창조세계가 **혼돈** 가운데 있는 것은 아닌지' 질문했습니다. 하나님께서는 이에 대해 38~39장 에, '자연세계'가 욥의 말처럼 '혼돈' 가운데 있지 않으며, 오히려 하나 님의 세밀한 다스림 속에 있다고 답하십니다.[74]

둘째로, 욥은 악인이 번성하고 의인이 고통받는 현실, 즉 악이 만연한 현실을 바라보며 '하나님이 공의로 다스리시는 게 맞는지' 의문을 제기했습니다9:24 등.[75] 이에 대해 하나님은 40~41장을 통해, '악과 고난'의 문제 배후에는 '자연세계 너머 악의 세력'인 베헤못40장과 리워야단41장이 있다고 말씀하시며, 하나님께서 이들을 '반드시' 심판하실 것을 알려주십니다.[76] 이 내용을 차례로 살펴봅니다.

3. '자연세계' 통치에 대한 하나님의 말씀(38~39장)

하나님은 우선 '창조세계가 혼돈 속에 있는 것 같다'는 욥의 의문을 바로잡으십니다38~39장. 앞서 욥은 욥기 3장에서 자신의 생일을 저주하는 가운데, 보응원리가 바르게 작동하지 않는 것 같다는 의미로, 창세기 1~2장의 창조 기사 내용을 역창조 이미지로 바꾸어 표현한 바 있습니다. 즉, 창조세계가 '질서'가 아닌 '혼돈' 가운데 있는 듯하다고 말했습니다.

욥은 또 욥기 9장에서 유사한 발언을 합니다.

"5 그가 진노하심으로 산을 무너뜨리시며 옮기실지라도 산이 깨닫지 못하며 6 그가 땅을 그 자리에서 움직이시니 그 기둥들이 흔들리도다 7 그가 해를 명령하여 뜨지 못하게 하시며 별들을 가두시도다"9:5~7

욥은 하나님께서 '산을 무너뜨리고 옮기신다'거나 '땅의 기둥을 흔

드신다'와 같은 역창조 이미지를 통해, 창조세계를 도덕적 질서가 무너진 '혼돈' 그 자체인 것처럼 묘사합니다.

이에 대해 하나님은 욥이 말하는 내용의 오류를 바로잡으십니다. 자연세계가 결코 '혼돈' 속에 있지 않고 하나님의 다스림과 통제 아래에 있다고 하십니다. 그리고 이를 '무생물 세계'38:1~38와 '생물 세계'38:39~39장로 나누어 설명하십니다.[77]

4. 하나님의 '무생물 세계' 통치(38:1~38)

우선 하나님이 '무생물 세계'에 대한 통치를 크게 세 부분으로 나누어 설명하십니다.[78] 먼저 "하나님이 창조 가운데 이미 안정되게 고정시켜 놓은 것"이 있는데, 하나님이 ① '땅'을 튼튼한 기초 위에 세우셨고4~7절, ② '바다'는 육지를 넘지 않게 경계를 정해 놓으셨으며8~11절, ③ '새벽 동틈'의 규칙적인 반복을 통해 어둠을 매일 몰아내시고12~15절, ④ '별들'의 위치와 궤도 역시 안정되게 운행하도록 고정해 놓았다31~33절고 말씀하십니다.[79]

둘째, "인류를 지탱하지만, 인간이 접근할 수 없는 위험한 영역"도 하나님의 통제 아래 있는데, 예를 들어 ① 물이 흘러나오는 '바다의 깊음'16절, ② 죽음의 문이 있는 '땅의 기저'17절, ③ '빛의 근원'19~21절, ④ '바람과 눈·비의 저장소'22~24절 등, 인간 생존에 필수적인 물, 땅, 빛, 날씨와 각각 관련 있지만 인간이 다가갈 수 없는 영역을 하나님께서 안정되게 유지해 나가신다고 말씀합니다.[80]

마지막으로, "지상에 물을 공급하지만 하나님만 다스리실 수 있

는 혼돈의 힘"에는 ① '우레, 번개, 폭풍, 비'25~28, 34~38절, ② '추운 날
씨'29~30절 등이 있는데, 하나님은 자연의 이런 불안정한 힘도 '안정'
되게 다스리신다고 말씀합니다.[81] 특히 비와 관련된 38장 26~27절의
말씀을 읽어보면 놀랍습니다.

> "26 누가 사람 없는 땅에, 사람 없는 광야에 비를 내리며 27 황무
> 하고 황폐한 토지를 흡족하게 하여 연한 풀이 돋아나게 하였느
> 냐"38:26~27

하나님은 사람의 손이 닿지 않는 광야와 사막에도 비를 내려 풀이
돋아나게 하신다고 말씀합니다!

어떻습니까? '무생물 세계'에 대한 하나님의 통치는 경이로움, 그
자체입니다. 욥의 생각과 달리, 하나님은 우리가 모르는 자연 영역까
지 우리를 위해 '안정'되게 유지하고 계십니다. 광활한 우주의 무수한
별들과 땅과 바다의 깊음뿐만 아니라, 척박한 사막의 풀 한 포기까지
도 돌보십니다. 무시무시해 보이는 자연의 그 어떤 힘도, 하나님께는
'혼돈'이 결코 아닙니다.[82] 이런 의미에서 욥의 말은 맞지 않습니다.

우리 역시, 오늘 하루가 그냥 주어진 것이 아님을 발견합니다. 우리
가 오늘을 안정되게 보내고 내일을 맞이할 수 있는 것은, 우주 만물을
세밀히 다스리시고 유지하시는 하나님의 사랑과 은혜 때문임을 기억
해야 합니다.

5. 하나님의 '생물 세계' 통치(38:39~39장)

다음으로 하나님은 '생물 세계'에 대해 언급하시며, 이 또한 '혼돈' 가운데 있지 않음을 알려주십니다. '생물 세계' 통치에 대한 하나님의 말씀은 다음의 교차대구법 구조로 정리할 수 있습니다.[83]

A. 사자와 까마귀(38:39~41) ⇨ 포식자
 (산염소, 암사슴[39:1~4] ⇨ 피식자)
  B. 야생 들나귀와 들소(39:5~12) ⇨ "인간 돌봄 없이도 번성케 하심"
   C. 타조(39:13~18) ⇨ '지혜 없이 자신의 알을 아무렇게 방치하나 번성케 하심'
  B'. 말(39:19~25) ⇨ '인간 전쟁이 야기한 혼돈의 상황에서도 번성케 하심'
A'. 매와 독수리(39:26~30) ⇨ 포식자

먼저, A와 A'는 포식 동물에 관한 내용입니다. '사자, 매, 독수리'와 같은 포식자는 동물 세계의 맹수로서 '혼돈'의 세력처럼 보일 수 있지만, 사실 하나님께서 먹이시고 돌보시는 피조물에 불과하다고 말씀합니다.[84] 특히 A 아랫부분에 포식 동물의 먹잇감인 '산염소와 암사슴'이 소개되는데, 하나님은 이들 피식 동물도 멸종치 않고 번성케 하시며, 포식 동물과 공존케 하신다고 말씀합니다.[85]

다음으로, B와 B'인데요. 먼저 B의 들나귀와 들소는 "인간 돌봄과 통제 밖"에 있는 야생 동물이지만 번성케 하시며, 또 B'의 말은 인간 전쟁에 끌려 나가 "인간이 야기한 **혼돈**" 속에서 죽음의 위기에 노출

되지만, 그럼에도 불구하고 하나님은 말들이 멸종되지 않고 번성케 하신다고 말씀합니다.[86]

마지막으로, 가장 중심인 C에 타조가 있습니다. 타조는 "지혜가 없어" 자신의 알을 아무렇게나 방치하지만, 그런 어리석음에도 불구하고 말보다 더 빨리 달리는 우위를 드러낼 뿐만 아니라 번성케 하신다고 말씀합니다.[87]

욥의 주장과 달리, 이런 예들은 생물 세계 역시 '혼돈' 가운데 있지 않음을 여실히 보여줍니다. 특히 욥은 2차원적인 지혜인 보응원리의 관점에서 자연세계를 설명하려 했습니다.[88] 보응원리가 작동하지 않는 것 같다며, 창조세계를 '혼돈'으로 묘사했습니다. 그런데 하나님은 오히려 자연세계의 통치를 '3차원적인 지혜'의 차원에서 설명하십니다.[89] 인간에게 위험해 보이는 우레, 번개, 폭풍과 같은 힘센 자연도, 무시무시한 맹수들도, 사실상 '혼돈'이 아닌 '하나님의 통치 지혜' 아래 다스려지는 피조물에 불과하다는 것입니다. 심지어 인간과 무관하게 야생 동물이 번성하고 지혜 없는 타조조차 번성케 하신다는 사실은, 2차원적인 지혜인 '보응원리'로는 설명할 수 없는 '하나님의 지혜'의 영역임을 재확인해 줍니다.[90]

요컨대, 자연세계는 '혼돈' 속에 있지 않습니다. 하나님은 무생물의 영역인 땅, 바다, 천체, 바람, 비·눈, 날씨 등을 '안정'되게 다스리시며, 동시에 다양한 생물들, 즉 맹수든 연약한 동물이든 조화롭게 공존하고 번성하도록 먹이시고 돌보십니다. 그리고 그 가운데 이들이 창조 때 부여받은 특성을 반영하며 창조주 하나님의 크신 영광을 드러내게 하십니다.[91] 인간의 얕은 지성으로는 도저히 헤아릴 수 없는 놀라운 하나님의 지혜 앞에, 우리는 하나님을 더욱 경외하며 찬송가 79장 가사처럼 "주님의 높고 위대하심을" 찬양하게 됩니다.

6. '자연세계 너머' 악의 세력(40~41장)

한편, 자연세계가 '혼돈' 가운데 있지 않다는 욥기 38~39장의 말씀만으로는 '악과 고난의 문제'에 대한 충분한 답변이 되지 못합니다. 그래서 하나님은 40~41장에서 자연세계 너머의 악의 세력인 '베헤못'과 '리워야단'의 정체를 폭로하십니다. 하나님은 이들이 '악과 고난의 문제' 배후에 있으며, 하나님의 때에 이들을 심판하실 것이라 선포하십니다.[92] 미리 말씀드리면, '베헤못'은 악한 세상권력을 상징하는 짐승이고, '리워야단'은 그 위에서 역사하는 사탄을 가리킨다고 할 수 있습니다.

한편, 베헤못과 리워야단의 정체에 대한 이견들이 있습니다. 우선 베헤못과 리워야단을 '실질적인 동물'로 보는 경우입니다. 베헤못을 '하마, 코끼리, 코뿔소, 물소, 또는 공룡'으로, 리워야단을 '공룡, 악어, 고래 등'으로 해석하는 학자들이 있습니다.[93] 예를 들어, 과거 개역한글판 성경은 베헤못을 "하마"40:15로, 리워야단을 "악어"41:1로 번역했습니다.[94]

하지만 근래 연구들은 이런 해석의 문제점을 지적합니다. 여러 이유 중 한두 가지만 짧게 언급하면, 우선 최근의 고대 근동문헌 및 제2성전 유대교 문헌연구는 베헤못과 리워야단의 동물 해석에 대한 의구심을 표명합니다.[95] 나아가 욥기 본문의 묘사를 보아도 100% 맞지가 않습니다. 베헤못과 리워야단을 각각 어떤 동물로 봐야 할지에 대한 견해도 다르지만, 예를 들어 개역성경처럼 베헤못을 "하마," 리워야단을 "악어"라 할 경우, 우선 '이들이 정복 불가능하다'는 욥기 본문 내용을 볼 때 의아할 수 있습니다40:24; 41:7, 26, 29. 하마나 악어를 '생포하거나 죽이는 일'이 늘 있어 왔기 때문입니다.[96] 또 리워야단의 입에서 불꽃이 나오고41:19, 콧구멍에서 연기가 나오며41:20, 말을 하고41:3~4 통치한다41:34는 묘사 역시 악어에게 적용할 수 없는 내용입니다.[97]

이런 차원에서 일군의 학자들은 베헤못과 리워야단을 '악과 혼돈의 상징'으로 이해하는데, 필자도 조심스럽게 이 입장을 따릅니다.[98] 우선 '베헤못'은 번역하면 '짐승들', 즉 '짐승'의 복수형입니다. 한편 '리워야단'은 구약에 총 여섯 번 등장하는데욥3:8, 41:1; 시74:13, 104:25; 사 27:1(×2), '용' 또는 '바다 괴물'로 번역되며, 특히 욥기 41장에서는 사탄을 상징합니다.[99]

욥기의 베헤못과 리워야단에 대한 이런 이해는, 욥기와 긴밀히 연결된 다니엘서와 요한계시록에서도 재확인됩니다.[100] 욥기에서 악과 혼돈의 원인으로 지목된 베헤못짐승과 리워야단사탄이, 여러 주석가들이 주목한 바, 다니엘서 7장과 요한계시록 12~13장에서도 동일하게 소개되기 때문입니다.[101]

	베헤못(짐승)	리워야단·용(사탄)
욥기	40장	41장
다니엘	7장	7장(7:6)
요한계시록	13장	12장

위의 표가 보여주듯, 세 책에 모두 짐승베헤못이 등장하고 그 위에 군림하는 사탄리워야단=용이 나옵니다.[102] 특히 히브리어 '리워야단'을 헬라어로 번역하면 '드라콘'인데, 요한계시록이 이 헬라어 표현을 그 대로 가져와 사용합니다.

"큰 **용**_드라콘_이 내쫓기니 옛 뱀 곧 마귀라고도 하고 사탄이라고 도 하며 온 천하를 꾀는 자라"계12:9 상반절

본문은 사탄을 큰 용, 옛 뱀, 그리고 마귀로도 표현하는데, 특히 큰 '용'이 욥기처럼 '드라콘'리워야단으로 표기됩니다. 결국 이 관계를 보면, 리워야단용이 사탄임이 더욱 명확해집니다.

7. 베헤못(40장)

이런 배경에서 우선 '베헤못짐승'을 살피겠습니다. 욥기 40장에서 하나님은 베헤못에 대해 다음과 같이 말씀하십니다.

"15 이제 소 같이 풀을 먹는 베헤못을 볼지어다 …… 18 그 뼈는

놋관 같고 그 뼈대는 쇠 막대기 같으니 19 그것은 하나님의 길의 시작이라. 그것을 지으신 이가 자기의 칼을 가져와야 할지니라 …… 23 강물이 소용돌이칠지라도 그것이 놀라지 않고 요단 강물이 쏟아져 그 입으로 들어가도 태연하니 24 그것이 눈을 뜨고 있을 때 누가 능히 잡을 수 있겠으며 갈고리로 그것의 코를 꿸 수 있겠느냐?" 40:15~24(19절은 Duane Garrett의 번역)[103]

베헤못은 초식 동물처럼 기술되지만15절, 동시에 뼈와 수족이 '쇠'이고18절, 소용돌이치는 강물에도 꿈쩍 않으며23절, 무엇보다 인간이 정복할 수 없는 막강한 존재로 묘사됩니다24절. 특히 19절 하반절은 베헤못을 지으신 하나님만이 그를 정복할 수 있고, 그를 심판하셔야 한다고 말씀합니다.[104]

그럼 도대체 베헤못의 정체가 무엇일까요? 주석가들은 특히 베헤못 본문의 중심축이라 할 수 있는 19절의 중요성을 주목합니다.[105] 19절은 베헤못이 "하나님의 길의 **시작**레쉬트"이라 말하는데, 여기서 사용된 히브리어 '레쉬트'는 창조 관련 본문인 잠언 8장 22절'여호와께서 그의 길의 시작(레쉬트)에 나를 가지셨다'과 창세기 1장 1절'태초(레쉬트)에 하나님이 천지를 창조하시니라'에도 등장하며, 특히 이 본문들 관계 속에서 19절의 베헤못을 이해해야 합니다.[106] 지면의 한계상 핵심만 말씀드리면, 19절의 베헤못은 하나님이 창조 때에 제정하신 창조 질서와 도덕적 질서예: 잠8:22에 반反하는 '혼돈의 세력'을 상징할 가능성이 큽니다참고: 창1:2.[107] 이런 의미에서 19절 하반절은 베헤못을 지으신 하나님께서 그

를 심판하셔야 한다고 말합니다.[108] 다니엘서와 요한계시록이 이것의
정체를 더 자세히 보여줍니다.

8. 베헤못의 예

욥기 40장의 베헤못짐승에 대한 소개가 다소 추상적이었다면, 다
니엘서와 요한계시록에서는 그 정체에 대한 기술이 더 구체화됩니다.
우선 다니엘서 7장에서 다니엘은 네 짐승에 관한 환상을 받는데, 이는
순차적으로 일어날 네 제국에 관한 것으로①사자(바벨론[주전 605~539년]),
②곰(메대-페르시아[주전 539~331년]), ③표범(그리스[주전 331~63년]), ④무섭게 생긴
짐승(로마[주전 63년~]), 하나님의 창조 질서에 반하는 세상 권력으로 묘
사됩니다. 특히 창세기 1장 26~28절과의 연관성 속에서, 이들은 하나
님이 창조 때 인간에게 부여하신 하나님 형상으로서의 '대리통치자의
권한'을 '남용하고 악용하는 자들'로도 볼 수 있습니다.[109] 이런 맥락
에서 다니엘서 7장의 짐승들을 '하나님의 형상'이 왜곡되고 훼손됐다
는 차원에서 '짐승' 이미지로 비하해 기술한다고 보는 학자도 있습니
다참고. 단4:30~33.[110] 한 예로, 다니엘 7장의 넷째 짐승로마에 대한 묘사
를 살펴봅시다.

> [다니엘의 환상 묘사] "내가 밤 환상 가운데에 그 다음에 본 넷째 짐
> 승은 무섭고 놀라우며 또 매우 강하며 또 쇠로 된 큰 이가 있어
> 서 먹고 부서뜨리고 그 나머지를 발로 밟았으며 이 짐승은 전의
> 모든 짐승과 다르고"단7:7

[천사의 해설] "넷째 짐승은 곧 땅의 넷째 나라인데 이는 다른 나라들과는 달라서 온 천하를 삼키고 밟아 부서뜨릴 것이며"단7:23

다니엘은 자신이 환상 중에 본 넷째 짐승로마을 기술하는데7:7, 이에 대해 천사는 이 짐승이 다른 나라보다 더 잔인하고 무자비한 방식으로 타민족을 정복할 제국이라 말합니다7:23.¹¹¹ 실로 하나님의 뜻을 수행해야 할 '대리통치자'의 모습과는 거리가 먼, 창조 질서의 '혼돈 세력'이라 할 수 있습니다.

이런 짐승들의 활동의 구체적인 예가 다니엘서 곳곳에서 발견됩니다. 예를 들어, 바벨론 느부갓네살 왕은 자신의 제국 통치를 공고히 하고자 바벨론을 상징하는 금 신상을 세우고 숭배를 강요합니다. 이에 응하지 않으면 무자비하게 처형하였는데, 끝까지 믿음을 지킨 사드락, 메삭, 아벳느고가 풀무불 속에 던져집니다단3장. 또 다니엘서 8장 8~14절은 셋째 짐승 '표범'이 상징하는 그리스 제국에서 한 왕이 일어날 것인데, 그가 하나님을 대적하는 가운데 성도를 박해하고 성소를 더럽히며 예배를 폐할 것이라 말합니다. 이 예언은 안티오쿠스 4세주전 175~164년에 의해 그대로 실현됐습니다. 이런 예들이야말로 창조 질서를 거스르며 하나님과 성도를 대적하고 함부로 권력을 휘두르는 베헤못의 역사라 할 수 있습니다.

한편, 요한계시록 13장 1~10절에서는 베헤못이 '바다에서 올라오는 한 짐승'으로 나타납니다. 이 짐승은 다니엘서 7장의 네 번째 짐승의 특성뿐만 아니라, 앞선 세 짐승사자, 곰, 표범의 복합적인 형상을 띠고 있습니다계13:1~2. 이 짐승은 일차적으로 요한계시록의 배경이 되는 로마 또는 로마황제를 상징하지만, 이후에 일어날 적그리스도적 제국과 왕들도 포괄하는 것으로 볼 수 있습니다.[112] 이 짐승 역시 창조 질서를 거스르며 하나님을 대적하고 교회와 성도를 핍박하는 존재로 소개됩니다. 요한계시록 13장 10절은 성도들이 이 짐승이 가하는 핍박과 환난 가운데 인내하며 끝까지 믿음을 지켜야 한다고 강조합니다.

과거 일제 강점기 때 한국 교회도 신사참배를 강요하는 짐승의 공격을 받았습니다. 지금도 세계 도처의 성도들이 믿음 때문에 갇히고 순교하는 일이 벌어지고 있습니다. 하지만 욥기와 다니엘서, 요한계시록은 이런 환란 중에도 낙심하지 말라고 격려합니다. 짐승과 사탄의 공격은 일시적이고, 하나님의 백성이 결국 승리할 것이기 때문입니다. 세상 나라는 잠시뿐, 오직 하나님 나라만 영원히 설 것입니다. 우리는 하나님의 통치와 인도하심을 늘 신뢰하며 인내해야 합니다욥 28:28.

요한계시록 11장은 베헤못, 곧 하나님을 대적하는 세상 권력이 활동하지만계11:7, 동시에 교회의 복음 증거 사역을 통해 많은 사람이 회개하고 구원에 이를 것이라 말합니다11:13.[113] 고난과 핍박 중에도 하나님은 교회가 사역을 능히 감당하도록 보호하시고11:5, 능력을 주시며 11:6, 마침내 영광스러운 승리를 얻게 하실 것입니다11:12.[114] 이런 의미에서 지상의 교회는 치열한 영적 전쟁 한복판에 있습니다. 때로 짐승의 맹렬한 공격이 있더라도, 하나님께서 주신 승리의 약속을 믿고, 맡겨주신 복음 전파의 사명을 신실하게 감당해야 합니다.

9. 리워야단(41장)

베헤못40장이 하나님이 제정하신 창조 질서를 거스르는 '혼돈 세력'을 상징한다면, 욥기 41장은 베헤못 위에 역사하는 리워야단, 곧 '사탄'을 자세히 조명합니다. 특히 욥기 41장 34절은 사탄을 다음과 같이 묘사합니다.

"그것은 모든 높은 자를 내려다보며 모든 교만한 자들에게 군림하는 왕이니라"41:34

하나님은 앞서 40장 11~12절에서, 욥에게 세상의 모든 '교만한 자'와 '악인들'을 공의로 다스릴 수 있는지 물어보시며, 오직 하나님만이 그렇게 하실 수 있음을 암시하십니다. 한편 41장 34절은, 사탄이 베헤못을 포함한 세상의 교만한 자와 악인들 위에 군림하는 왕이라 기술합니다.[115] 에베소서 2장 2절도 사탄을 "불순종의 아들들 가운데서 역사하는 영"이라 말합니다. 한 마디로 '악과 고난의 문제'의 중심에 사탄이 있다는 것입니다.

욥기의 흐름을 볼 때, 끝부분에 사탄이 다시 언급되는 것은 너무나 당연합니다. 사탄은 욥기 서언부1~2장에서 '참소자'로 등장해, 하나님께 도전하며 욥에게 재앙을 야기했습니다. 본론부에서는 엘리바스 환상4:12~21의 '미혹의 영'으로 역사해, 세 친구와 엘리후가 욥을 거짓되게 정죄하도록 부추겼습니다. 이 모든 악한 일을 도모한 사탄에 대해 어떤 심판 선포도 없이 욥기가 마무리된다는 것은 상상하기 어렵

습니다.[116]

하나님은 리워야단이 욥에게 저지른 악행과 더불어 그의 정체를 폭로하시고 심판을 선포하십니다. 우선 '용'의 이미지로 리워야단을 소개하십니다. 코와 눈에서 빛이 나고 입에서 불이 나오며41:18~21, 목, 가슴, 가죽이 단단하고41:22~24, 강한 하체로 진흙 바닥에 깊은 자국을 내며41:30, 바다를 안방처럼 헤집고 다니는 존재라고 말씀하십니다 41:31~32. 이와 더불어 리워야단이 단순히 용을 넘어 '사탄'임을 알려주십니다. 그는 말을 할 뿐만 아니라41:3~4, 인간이 정복할 수 없고41:1~2, 5~7, 13~14, 26~29, 두려움이 없는 피조물로서41:33, "모든 교만한 자들에게 군림하는 왕"41:34이라고 말씀하십니다.

10. 리워야단의 심판을 선포하심(41:8~12)

하나님이 리워야단에 대해 말씀하시는 중에, 특히 욥기 41장 8~12절에서 놀라운 사실을 욥에게 알려주십니다. 이 본문은 히브리어 원어가 난해하여 해석이 어렵습니다.[117] 한글 번역도 무슨 내용인지 명료하지 않습니다. 필자는 이 본문을 욥기의 큰 문맥 속에서 읽어야 한다고 봅니다. 다시 말해, 하나님께서 서언부1~2장나 욥과 친구들 발언의 주요 표현을 인용하며 말씀하시는 것 같습니다. 이런 관점에서 욥기 41장 8~12절의 의미를 쉽게 의역하면 다음과 같습니다.[118]

"욥아! 네 고난의 배후에 리워야단, 즉 사탄이 있었다. 그리고 엘리바스에게 환상을 준 주체도 리워야단, 즉 사탄이었다. 누가 내 앞에 서서유기 1~2장에 사탄이 하나님 앞에 섰던 사건을 지칭 욥, 네가 범 죄할 것이라 내게 감히 도전하였느냐? 사탄의 주장이 모두 거짓 임이 드러났다. 나는 이 교만한 사탄을 가만히 두지 않을 것이 다."41:8~12(필자의 의역)

이렇게 번역할 수 있는 문맥적인 근거는 다음과 같습니다.[119]

41장 하나님 말씀필자의 번역	1:6; 2:1 서언부
41:1 네가 낚시로 **리워야단**참고. 3:8을 끌어낼 수 있겠느냐 41:8 네 손을 그것에게 얹어 보라. 다시는 **전쟁**참고 5:20을 생각지 못하리라. 41:9 보라! 그리워야단의 소망이 거짓 됨이 드러났도다. 또한 그의 **형상**참고. 4:16으로 인해 (네가) 압도되지 않았느냐? 41:10 …… 그가 무엇이길래 감히 내 앞에 **서느냐?**참고. 1:6; 2:1 41:11 그가 무엇이길래 나에게 도전하고, 내가 응답해야 하느냐? 하늘 아래 있는 모든 것은 다 내 것이니라. 41:12 나는 그의 교만한 말들과 권력에 대한 주장과 스스로를 높이는 이 모든 것들에 대해 침묵하지 않으리라.	2:1 또 하루는 하나님의 아들들이 와서 여호와 앞에 서고 사탄도 그들 가운데에 와서 여호와 앞에 **서니**
	3:8 욥의 발언
	날을 저주하는 자들 곧 **리워야단**을 격동시키기에 익숙한 자들이 그 밤을 저주하였더라면,
	4:16 엘리바스의 환상
	그 영이 서 있는데 나는 그 **형상**을 알아보지는 못하여도
	5:20 엘리바스의 발언
	기근 때에 죽음에서, **전쟁** 때에 칼의 위협에서 너를 구원하실 터인즉

예를 들면, 41장 9절에서 하나님이 "보라! 그리워야단의 소망이 거짓됨이 드러났도다. 또한 그의 '**형상**'으로 인해 (네가) 압도되지 않았느냐?"라고 말씀하시는데, 여기서 그의 '**형상**'으로 번역된 히브리어 '**마르에**'는 욥기에서 단 두 번, 즉 41장 9절과 엘리바스 환상에서만 등장하는 단어로4:16, 환상의 '영적 존재'를 지칭할 가능성이 큽니다.[120] 결국 본 절에서 하나님은 서언부1-2장의 사탄의 주장, 즉 욥이 모든 것을 잃으면 하나님 앞에서 신실함을 저버릴 것이라는 주장이 틀렸다고 말씀하시고, 나아가 엘리바스 환상의 영적 존재'형상'가 사탄임을 폭로하십니다.[121]

또 하나님이 41장 10절 하반절에서 "그가 무엇이길래 감히 내 앞에 '**서느냐**'?"라고 질문하시는데, '**서느냐**'로 번역된 '**야짜브**' 동사는 사탄이 하나님 앞에 '**서서**'*야짜브* 욥에 대해 도전했던 바로 그 사건을 암시합니다1:6; 2:1.[122]

놀랍게도 하나님은 욥에 대한 사탄의 주장이 틀렸다고 하시며, 41장 11~12절에서 사탄에 대한 심판을 선포하십니다.[123]

"11 그가 무엇이길래 나에게 도전하고 내가 응답해야 하느냐? 하늘 아래 있는 모든 것은 다 내 것이니라. 12 나는 그의 교만한 말들과 권력에 대한 주장과 스스로를 높이는 이 모든 것들에 대해 침묵하지 않으리라."41:11~12(Duane Garrett의 번역)

The Destruction of Leviathan (Gustave Doré [1865]) (Public domain)
출처: https://en.wikipedia.org/wiki/Leviathan

11. 위로받는 욥

이 번역과 해석이 옳다면, 하나님의 말씀을 들은 욥은 어땠을까
요? 욥은 그동안 하나님께서 자신을 까닭 없이 치셨고예:19:21~22, 엘

리바스의 환상을 통해 자신을 죄인처럼 추궁하신다고 생각했습니다 예:7:13~14. 하나님께서 공의로 다스리시지 않는 것 같다며, 무척 억울해하고 괴로워했습니다.[124] 그러나 자신의 고난과 엘리바스 환상 배후에 사탄이 있었고, 하나님이 무고한 욥을 위하시며 악한 사탄을 마침내 심판하신다는 말씀을 듣고, 큰 위로를 얻었을 것입니다.[125]

욥뿐만 아니라, 지금까지 욥이 고통으로 몸부림치며 고뇌한 시간을 함께 걸어온 우리 또한 위로를 받습니다. 하나님은 자신을 경외하며 부르짖는 자에게 반드시 응답하시며, 마침내 공의를 실현하시는 분이기 때문입니다. 하나님이 욥의 억울함을 신원해 주셨고, 깊은 아픔을 위로해 주셨습니다. 잘못된 오해를 바로잡아주셨습니다. 하나님은 이처럼 '악과 고난의 문제'에 깊이 개입하셔서 다스리시는 분입니다. 우리 역시, 고난 앞에서 철저히 하나님을 바라고 기다리며 도우심을 구할 때, 하나님께서 응답하시고, 하나님의 공의로운 통치와 구원의 은혜를 반드시 경험하게 될 것입니다. 아멘!

묵상과 나눔을 위한 물음

1. 욥은 절망의 수렁에서 포기하지 않고 계속 기도했고, 마침내 하나님의 응답을 경험했습니다38~41장. 이것이 우리에게 주는 교훈은 무엇입니까?

2. 욥은 자신과 주변의 '악과 고난의 문제'를 주시하며 창조세계가 '혼돈' 가운데 있다고 주장했는데, 이에 대한 하나님의 답변38~39장은 무엇입니까?

3. 하나님은 '악과 고난의 문제' 배후에 베헤못40장과 리워야단41장이 있다고 말씀하셨습니다. 이 사실이 현대를 살아가는 성도들에게 어떤 통찰을 줍니까?

4. 하나님은 욥의 고난과 엘리바스 환상 배후에 사탄이 있음을 알리시며, 사탄에 대한 심판을 선포하십니다41:8~12. 이 말씀이 왜 욥과 우리에게 큰 위로가 될까요?

Job

5장

나는 위로를 얻습니다

위로와 회복을 경험하는 욥(욥기 42장)

하나님을 만난 욥은 위로받고 회복을 경험합니다.

역경 속에서 하나님을 신뢰하며 인내하는 성도들도

아름다운 결말을 얻을 것입니다.

여는 이야기

하나님은 욥기 41장에서, 욥의 고난과 엘리바스 환상 막후에 있는 사탄의 악한 계교를 폭로하셨습니다. 나아가 '고난과 악의 문제'의 장본인이 '사탄'41장과 '베헤못'40장이라 하시며 이들에 대한 심판을 선포하셨습니다40:19; 41:12. 물론 심판의 때와 방법은 명시하지 않으셨는데, 이는 전적으로 인간이 알 수 없는 '하나님의 지혜'의 영역입니다 28장. 그럼에도 불구하고 하나님의 공의가 '반드시' 실현된다는 사실에 욥은 큰 위로를 받았을 것입니다.

특히 하나님을 만난 욥이 '위로'와 '회복'을 경험하는 내용이 욥기 42장에 나옵니다. 이번 장에서는 고난의 시간을 인내와 믿음 가운데 극복한 욥이 어떤 결말에 이르는지 살펴봅니다.

주제 성경구절

[개역개정] "그러므로 내가 스스로 거두어들이고 티끌과 재 가운데에서 회개하나이다"욥42:6

[필자의 번역] "그러므로 내가 했던 (모든 말과 생각을) 포기합니다. (비록) 티끌과 재 가운데 있지만 나는 위로를 얻습니다."욥42:6

들여다보기

1. 위로받은 욥

욥기를 이해하는 데 어려움을 주는 구절이 욥기 42장 6절입니다. 위의 개역개정판 성경을 비롯한 여러 한글 번역본이 이 구절을 욥이 '회개'한 것으로 번역하기 때문입니다. 회개했다는 것은 죄를 인정한다는 것인데, 이는 지금까지 논의된 욥기의 흐름과 잘 맞지 않습니다. 우선 욥기 서언부1~2장와 결언부42:7~17의 대전제, 즉 '욥이 무고하게 고난받았고, 끝에도 결국 하나님께 옳다고 인정받았다'는 사실을 생각하면 모순되어 보입니다. 또 욥이 '회개'했다고 본다면, 서언부에서 욥이 범죄할 것이라 주장한 사탄의 말이 옳고 회개를 촉구한 세 친구와 엘리후의 주장이 맞게 되기 때문입니다.

이런 이유로 여러 학자들은 욥기 42장 6절을 '회개'로 번역하는 것에 대한 의구심을 제기해왔습니다.[126] 특히 개역개정판 성경이 '회개하다'로 번역한 히브리어 동사 '니함נחם'은 문맥에 따라 '후회·회개하다' 또는 '위로받다'로 번역할 수 있습니다. 두 가지 의미를 가지고 있는데, 개역개정판을 비롯한 여러 한글 번역본은 두 의미 중 '회개하다'를 택했습니다.

그런데 다음의 이유로, '니함'을 '위로받다'로 번역하는 것이 더 옳은 것 같습니다. 먼저, 히브리어 원문을 우리에게 전수해 준 마소라 학자들이 그렇게 안내합니다. '후회·회개하다'로 번역하려면 일반적으로 '니함נחם'과 전치사 '알על'이 숙어처럼 함께 가야 하는데, 마소라

학자들은 강력한 히브리어 엑센트인 아트낙을 통해 '니함'과 '알'을 분리해서 읽기를 권합니다.[127]

알   니함

פ   :עַל־עָפָר וָאֵפֶר | עַל־כֵּן אֶמְאַס וְנִחַמְתִּי

아트낙

다시 말해 '후회·회개하다'가 아닌 '위로받다'로 읽으라는 것입니다. 더불어, 중요한 고대 역본인 탈굼과 페쉬타도 동일하게 '위로받다'로 읽기를 지지합니다.[128]

만약 '위로받다'로 번역하면 42장 6절은 어떤 의미가 될까요? 특히 "티끌과 재"라는 표현의 의미를 파악하는 것이 중요한데, 이 표현은 욥기 내에 단 두 번, 즉 30장 19절과 42장 6절에만 등장합니다.

"하나님이 나를 진흙 가운데 던지셨고 나를 **티끌과 재** 같게 하셨구나" 30:19	하나님을 만남 (38~41장)	"그러므로 내가 했던 (모든 말과 생각을) 포기합니다. (비록) **티끌과 재** 가운데 있지만 나는 위로를 얻습니다." 42:6(필자의 번역)

욥은 30장 19절의 하나님께 올려드리는 마지막 기도 가운데, 자신의 처참한 상황을 두고 하나님이 자신을 "티끌과 재"같이 만드셨다고 고백합니다.[129] 그런 그가 욥기 38~41장에서 하나님을 만납니다! 그리

고 자신의 고난 뒤에 사탄이 있었고 하나님께서 '고난과 악의 문제' 배후에 있는 사탄과 베헤못을 공의롭게 심판하실 거라는 말씀을 듣고 위로를 얻습니다. 이런 맥락에서 욥은 42장 6절에, '비록 자신이 여전히 "티끌과 재" 같은 처량한 상황에 있지만 "위로를 얻습니다"'라고 고백하는 것입니다.

이해를 돕기 위해, 42장 6절을 다음과 같이 쉽게 의역해 봅니다.

> "하나님! 제가 하나님의 말씀38~41장을 듣고, 앞서 하나님의 공의를 의심하며 했던 모든 말과 생각을 포기합니다. 그리고 비록 제가 지금 '티끌과 재' 같은 상황, 다시 말해 재산과 자녀와 건강을 다 잃고 비참한 상황에 놓여있지만, 하나님이 나의 무고함을 아시고 '고난과 악의 문제' 배후에 있는 사탄과 베헤못을 결국 심판하신다는 말씀을 듣고, '위로를 얻습니다.'"

2. 욥기의 핵심 주제, '위로'

욥기 42장 6절을 '위로' 본문으로 볼 수 있는 근거가 또 있습니다. 앞서 살핀 히브리어 동사 '니함'은 관련 동사와 파생명사까지 포함하면 욥기에 총 열 번 등장하는데, 이는 욥기 전체를 관통하는 주요 표현입니다.[130]

서언부	"욥의 친구 세 사람이 …… 욥을 위문하고 **위로**_니함_하려 하여 서로 약속하고 오더니" 2:11
본론부	[욥] "내가 오히려 **위로**_니함_을 받고" 6:10 [욥] "혹시 내가 말하기를 내 잠자리가 나를 **위로**_니함_하고 내 침상이 내 수심을 풀리라 할 때에 주께서 꿈으로 나를 놀라게 하시고…" 7:13~14 [엘리바스] "하나님의 **위로**_니함_와 은밀하게 하시는 말씀이 네게 작은 것이냐" 15:11 [욥] "너희는 다 재난을 주는 **위로자들**_니함_이로구나" 16:2 [욥] "너희는 내 말을 자세히 들으라 이것이 너희가 나에게 주는 **위로**_니함_가 될 것이니라" 21:2 [욥] "그런데도 너희는 나를 헛되이 **위로**_니함_하려느냐 너희 대답은 거짓일 뿐이니라" 21:34 [욥] "내가 …… 애곡하는 자를 **위로**_니함_하는 사람과도 같았느니라" 29:25 [욥] "그러므로 내가 했던 (모든 말과 생각을) 포기합니다. (비록) 티끌과 재 가운데 있지만 나는 **위로**_니함_를 받습니다." 42:6(필자의 번역)
결언부	"이에 그의 모든 형제와 자매와 이전에 알던 이들이 다 와서 …… 그를 위하여 슬퍼하며 **위로**_니함_하고" 42:11

위의 도표처럼 '니함' 관련 동사 및 파생명사가 욥기 서언부, 본론부, 결언부까지 골고루 분포되어 있는데, 42장 6절을 제외하고는 모두 '위로'로 번역됐습니다. 욥은 발언 내내 위로받기를 원한다고 간청합니다. 그런 그가 드디어 하나님을 만났습니다. 그런데 그가 위로받

기는커녕 '회개했다'고 보는 것은, 욥기 전체 맥락에서 부자연스러워 보입니다. 다른 아홉 번의 용례처럼, 42장 6절도 '위로받다'로 번역하는 것이 욥기 흐름에 더 적합한 것 같습니다.[131]

이 해석이 옳다면, 욥은 결국 '위로'를 얻었습니다! 이런 의미에서 욥기는 욥뿐만 아니라 성도인 우리에게 주시는 하나님의 '위로의 책'입니다. 과거나 지금이나 성도가 받는 고난의 문제는 중요한 주제입니다. 누구보다 이 문제를 마음 아파하시는 하나님께서, 무려 마흔두 장이나 되는 욥의 이야기를 통해 우리를 위로하고 계신 것입니다.

3. 욥의 회복, 신뢰와 기다림

욥은 하나님을 만난 후, 위로를 경험할 뿐만 아니라 많은 복을 받게 됩니다. 그 내용이 욥기 42장 12~17절에 나와 있습니다.

> "12 여호와께서 욥의 말년에 욥에게 처음보다 더 복을 주시니 그가 양 만 사천과 낙타 육천과 소 천 겨리와 암나귀 천을 두었고 13 또 아들 일곱과 딸 셋을 두었으며 …… 16 그 후에 욥이 백사십 년을 살며 아들과 손자 사 대를 보았고 17 욥이 늙어 나이가 차서 죽었더라"42:12~17

본문은 욥에게 갑절의 복이 임했다고 기술합니다. 욥기 1장에 비해 가축이 두 배가 되었고1:3; 42:12, 일반적인 수명인 70년참고. 시90:10의 두 배인 140년을 더 살았습니다42:16.[132] 이것은 단순한 보상과 위로의 차원을 넘어, 종말에 임할 위로와 복을 예표한다고 볼 수 있습니다.[133] 우리도 욥처럼 인내하며 믿음으로 살아갈 때, 새 하늘과 새 땅에 이르러 형언할 수 없는 위로와 복을 누리게 될 것입니다.

이처럼 위로와 회복을 경험한 욥은 여전히 하나님을 신뢰하며 기다려야 했습니다. 하나님은 앞서 욥에게 창조세계를 통치하는 지혜의 '일부'를 보여주셨습니다38~41장. 베일의 '일부'를 벗기셔서, 이 세상의 '고난과 악의 문제' 뒤에는 사탄과 짐승이 있음을 알려주셨습니다. 그러나 '언제 어떻게' 악의 세력을 심판할지는 말씀하시지 않았습니다. 이것은 3차원적인 지혜의 영역이라 욥은 알 수 없었지만, 계속해서 하나님의 통치를 신뢰해야 했습니다.

우리도 그러합니다. 우리는 이 땅에서 '고난과 악의 문제'가 속히 해결되기를 바랍니다. 완전한 정의가 구현되고, 억울함이 해소되고, 더 이상 악인들 때문에 마음 아파하지 않아도 되는 날이 빨리 오기를 고대합니다. 그런데 하나님은 '인내하라'고 말씀하십니다. 28장 28절 말씀처럼, 그때를 알 수 없지만 변함없는 믿음과 순종 가운데 기다리라고 하십니다.

4. '고난과 악의 문제'에 대한 하나님의 해결책

한편 우리는 궁금합니다. "하나님이 '고난과 악의 문제'의 원흉, 사탄을 왜 당장 심판하지 않으실까? 왜 고통의 시간을 계속 허락하실까?" 하는 의문이 듭니다. 그렇습니다. 하나님께서 뜻하시면, 사탄은 당장 영원한 심판에 이를 수밖에 없습니다. 참고로, 욥기 41장의 리워야단 본문과 밀접히 연결된 시편 104편 25~26절은 리워야단사탄이 하나님 앞에서는 아이들이 가지고 노는 '장난감' 같은 존재에 불과하다고 기술합니다.[134]

> "25 거기에는 크고 넓은 바다가 있고 그 속에는 생물 곧 크고 작은 동물들이 무수하니이다. 26 그 곳에는 배들이 다니며 주께서 데리고 놀려고 지으신 **리워야단**이 있나이다."시104:25~26(Gert Kwakkel의 번역)

이처럼 사탄이 하나님 앞에서 무력한 존재인데, 왜 하나님은 사탄을 당장 심판하시지 않을까요? 기억할 것은, 사탄의 역사는 창세기 3장의 아담과 하와 타락 사건으로 거슬러 올라간다는 점입니다. 사탄의 유혹에 넘어가 하나님께 반역한 인류는 공중의 권세 잡은 자, '사탄'의 영향력 아래 놓입니다요일5:19; 요12:31. 에베소서 2장 2절은 사탄을 "불순종의 아들들 가운데 역사하는 영"이라 묘사합니다.

하지만 사랑과 은혜가 풍성하신 하나님은 타락한 인류를 구원할 계획을 세우십니다. 창세기 3장 15절 말씀을 통해, 여자의 후손이신 예수 그리스도의 십자가 죽음과 부활로 뱀의 머리, 즉 사탄의 권세를 깨뜨릴 것을 약속하십니다. 이 약속이 약 2,000년 전, 그리스도께서 이 땅에 오심으로 성취되었습니다. 주님은 우리 죄를 사하실 뿐만 아니라 '고난과 악의 문제'를 해결하시기 위해 친히 십자가에 달려 돌아가셨습니다. 우리의 고통과 슬픔을 깊이 체휼하셨으며, 십자가에서

살 찢기시고 피 흘려주셨습니다. 이를 통해 사탄의 머리를 깨뜨리셨습니다. 히브리서 2장 14절과 요한일서 3장 8절은 이 사건을 다음과 같이 기술합니다.

> "자녀들은 혈과 육에 속하였으매 그도 또한 같은 모양으로 혈과 육을 함께 지니심은 죽음을 통하여 죽음의 세력을 잡은 자 곧 **마귀를 멸하시며**"히2:14

> "…… 하나님의 아들이 나타나신 것은 **마귀의 일을 멸하려 하심이라**"요일3:8

보응원리의 관점에서 보면, 완벽한 의인이시며 거룩하신 우리 주님은 고난을 받으실 이유가 하나도 없었습니다. 그런 주님께서 가장 처참하고 억울한 십자가 형벌을 받고 돌아가심으로 '고난과 악의 문제'를 몸소 해결하셨습니다. 이를 통해, 지금도 사탄의 권세 아래서 신음하고 방황하는 이들이 그리스도께 나아와 십자가 사랑과 능력으로 구원받고 고통의 사슬을 벗도록 길을 여셨습니다. 궁극적으로 주님은 앞으로 도래할 새 하늘과 새 땅에서 성도들의 모든 눈물을 닦아 주실 것입니다계21:4.

여기서 우리는 놀라운 '하나님의 지혜'를 발견합니다28장. 욥기에서 직접 명시하지 않으셨지만, '고난과 악의 문제'에 대한 하나님의 해결책은 바로 '예수 그리스도의 십자가 사건'이었습니다. 인류가 사탄의 유혹에 넘어가 반역하며 초래한 고난과 악의 문제를 주님께서 친히 짊어지시고 고통 받음으로 해결하신 것입니다. 이 은혜와 사랑 이야말로, 우리가 어떤 고난 속에서도 하나님의 선하심과 인도하심을 끝까지 신뢰할 수 있는 이유가 됩니다.

5. 마지막 때를 기다리며

우리는 욥기의 가르침처럼, 주님이 언제 다시 오셔서 사탄을 영원한 심판에 이르게 하실지 알지 못합니다롬16:20; 계20:10. 이 또한 '하나님의 통치 지혜'의 영역이기 때문입니다. 한 가지 분명한 것은, 베드로후서 3장 9절이 다음 같이 증언하고 있다는 점입니다.

> "주의 약속은 어떤 이들이 더디다고 생각하는 것 같이 더딘 것이 아니라 오직 주께서는 너희를 대하여 오래 참으사 아무도 멸망하지 아니하고 다 회개하기에 이르기를 원하시느니라"벤후3:9

한 영혼도 멸망하지 않고 구원받기를 원하시는 주님은, 특히 주님의 제자로서 그리스도의 남은 고난을 자처하며 하나님 나라 일꾼으로 섬기는 성도들의 헌신을 기뻐하고 기대하시며, 지금까지 마지막 심판을 유보하고 계십니다. 그러나 분명한 것은, 구원과 회개의 시간이 무한정 주어지지 않는다는 점입니다. 머지않은 언젠가 주님이 다시 오셔서 사탄과 짐승과 악인들을 영원한 형벌에 이르게 하시며계20:9~10, 성도들의 눈에서 모든 눈물을 친히 씻어 주실 것입니다계21:4.

짧은 이 세상의 고난도 잠시, 우리는 영광스러운 새 하늘과 새 땅에서 벅찬 위로와 기쁨을 영원히 누릴 것입니다. "현재의 고난은 장차 우리에게 나타날 영광과 비교할 수 없"습니다롬8:18. 그때 우리는 한목소리로 이렇게 고백할 것입니다. "하나님은 완전하십니다! 하나님의 지혜와 통치는 완전합니다!"

6. 마치며

이제 욥기 이야기를 매듭지으려 합니다. 지금까지의 논의를 통해 우리는 다음의 중요한 사실을 깨닫습니다. '신실한 성도도 까닭 없는 고난을 겪을 수 있다'는 점입니다. 흔히들 고난을 죄에 대한 하나님의 형벌이나 징계와 연결하여 이해합니다. 그런데 욥기는 그렇지 않은 경우도 있음을 보여줍니다. 욥도 그랬고, 수많은 믿음의 선진들도 때로 무고하게 고난받았습니다. 이 점에서 우리 역시 예외가 아닙니다.

욥기는 이런 현실을 외면하지 말라고 알려줍니다. 억울해하며 불평하고 원망하거나 불신앙에 빠지지 말 것을 당부합니다. 당장은 너무 힘들고 이해할 수 없을지라도, 하나님의 완전한 통치를 신뢰하며 변함없이 믿음으로 살아가라 말합니다. 십자가에서 몸소 '고난과 악의 문제'를 다루신 주님께서 우리를 고아처럼 내버려 두시지 않고 반드시 완벽한 때에 온전한 공의를 이루십니다. 회복과 위로의 은혜를 베푸실 것입니다.

말할 수 없는 고난과 고통 가운데 있습니까? 우리를 생명 다해 사랑하시는 주님을 기억합시다. 그분 앞에 울며 힘든 마음을 있는 그대로 솔직하게 쏟아놓읍시다. 가장 자비하시고 긍휼히 여기시는 주님을 바라보며 인내합시다.

> "10 형제들아 주의 이름으로 말한 선지자들을 고난과 오래 참음의 본으로 삼으라 11 보라 인내하는 자를 우리가 복되다 하나니 너희가 욥의 인내를 들었고 주께서 주신 결말을 보았거니와 주는 가장 자비하시고 긍휼히 여기시는 이시니라"약5:10~11

인생의 고난 가운데 놀랍게 부어주시는 '하나님의 위로'가 충만하길 기도합니다. 우리를 향한 주님의 사랑을 힘입어, 그분을 온전히 신뢰하며 믿음의 순례길을 아름답게 완주하길 소망합니다.

묵상과 나눔을 위한 물음

1. 하나님의 말씀38~41장을 들은 욥이, 욥기 42장 6절에서 '회개했다'고 보기 어려운 이유는 무엇입니까?

2. 필자는 욥기를 하나님의 '위로의 책'으로 규정하는데, 그 이유는 무엇입니까?

3. 비록 욥기는 명시하지 않지만, 하나님이 '고난과 악의 문제'를 어떻게 결정적으로 다루셨습니까?

4. 욥기의 메시지는 현대를 살아가는 우리에게 어떤 교훈을 줍니까? 무고하게 고난받는 성도는 어떻게 살아가야 합니까?

위로에 대한 감사의 기도

하나님 아버지,

지난 시간, 참 힘든 일이 많았습니다. 까닭 없이 찾아온 시련 앞에 고통스러웠고, 억울하게 오해와 비난받는 상황 속에서 하염없이 눈물을 흘렸습니다. 왜 하나님께서 이런 일을 허락하시는지, 과연 이 고난의 터널에 끝은 있는지, 정말 회복의 희망을 품어도 되는 것인지, 통 종잡을 수가 없었습니다.

하지만 말씀을 통해, 소망을 주시고 위로하여 주시니 참 감사합니다. 하나님께서는 우리의 억울함과 아픔을 다 아실 뿐 아니라, 그것을 바로잡으실 수 있는 공의로운 하늘 재판관이시요, 온 세상의 왕이시며, 통치자십니다. 지금의 현실은 힘겹지만, 하나님께서 마침내 개입하셔서 신원하여 주시고, 역전의 은혜를 베푸실 것입니다. 악은 결코 이기지 못하며, 우리는 반드시 회복될 것입니다.

무엇보다 우리의 고난을 아파하시고 기꺼이 십자가에서 돌아가심으로 우리를 구원하시고 사탄의 권세를 깨뜨리신 주님의 사랑에 감사드립니다. 주님의 십자가가 바로 이 고난과 악의 문제의 해결책이었음에 깊이 감격하며, 그 큰 은혜 앞에 모든 의심과 오해를 내려놓고, 어떤 역경 속에서도 주님의 통치를 믿으며 따라가려 합니다.

선한 목자이신 우리 하나님,

그 통치 지혜를 비록 얕은 지성으로 다 헤아릴 수 없지만, 언제나 의의 길로 이끄심을 온전히 신뢰합니다. 사망의 음침한 골짜기를 지날 때 함께하시며 주의 지팡이와 막대기로 안위하여 주심을 믿습니다. 하나님께서 이루실 완전한 공의와 평화와 회복을 바라보며 끝까지 인내하게 하옵소서. 변함없이 주님을 신뢰하고 경외하도록 늘 굳센 믿음을 허락하여 주옵소서.

감사드리며, 예수님 이름으로 기도합니다. 아멘.

주

1장 욥, 고난의 수렁에 빠지다

1. 이 책에서 기본적으로 인용되는 성경 번역은 '개역개정판'이다. 필자의 번역인 경우 별도로 표기하였다.

2. 기도 목록을 열네 가지로 보는 것은 D. A. Garrett, *Job: Shepherd's Notes* (Nashville: Holman, 1998), 69~79의 견해를 따른 것이다.

3. Duane A. Garrett, "Job," in *The Problem of the Old Testament* (Downers Grove: InterVarsity, forthcoming), 2.

4. 김성진, "욥기의 고난, 어떻게 설교할 것인가?,"『개혁신학과 교회』35b (2021), 200~201.

5. 김성수 교수는 하나님이 사탄의 도전에 응하신 것을 다음의 차원에서 설명한다. "하나님은 하나님이 주신 복이 아니라 하나님 자신을 사랑해서 욥이 그처럼 온전하고 경건하게 산다고 믿고 계신다. 그러나 하나님과 인간 간의 순전한 관계를 파괴하려는 사탄은 하나님 앞에 욥을 고발한다. 욥의 경건함은 하나님이 주시는 '복' 때문이라는 것이다.... 사탄의 이러한 도전 앞에서 욥에 대한 하나님의 긍지와 신뢰가 사실로 입증되기 위해서는 욥에게 주어진 복이 제거될 때에도 욥의 경건과 하나님 사랑이 지속되어야 한다. 즉, 욥의 경건은 고난을 통하여 입증되어야 한다. 그런 의미에서 사탄의 시험으로 닥친 욥의 고난은 경건한 자의 경건성을 최고의 지독한 시련 가운데 넣어보라는 하나님의 허락이다." 김성수,『구약의 키』(서울: 생명의 양식, 2017), 147.

6. 김성진, "욥기 해석에 있어 엘리바스 비전(욥기 4:12-21)의 중요성,"『구약논집』13 (2018): 40~67.

7. Norman C. Habel, *Job*, Knox Preaching Guide (Atlanta: John Knox, 1981), 39; 김성진, "욥기의 고난, 어떻게 설교할 것인가?," 200.

8. 김성진, "욥기의 고난, 어떻게 설교할 것인가?," 200.

9. Garrett, "Job," 32.

10. Garrett, "Job," 32.

11. Seong W. T. Hyun, *Job the Unfinalizable: A Bakhtinian Reading of Job 1~11*, BIS

124 (Leiden: Brill, 2013), 138~139.

12. Garrett, "Job," 32.

13. 김성진, "욥기 해석에 있어 엘리바스 비전(욥기 4:12~21)의 중요성," 60

14. R. J. Z. Werblowsky, "Stealing the Word," *VT* 6, no. 1 (1956): 105~106.

15. Shalom M. Paul, "Job 4:15: A Hair Raising Encounter," *ZAW* 95, no. 1 (1983): 119~121.

16. 참고로 천사는 '루아흐'로 표현하지 않는다. 따라서 욥기 내에서 '하나님의 영,' '인간의 영'과 구분되는 영적 존재는 '사탄' 밖에 없다. 김성진, "욥기 해석에 있어 엘리바스 비전(욥기 4:12~21)의 중요성," 57~58.

17. James E. Miller, "The Vision of Eliphaz as Foreshadowing in the Book of Job," *Proceedings* 9 (1989): 102~111.

18. 김성진, "욥기 해석에 있어 엘리바스 비전(욥기 4:12~21)의 중요성," 50.

19. 김성진, "욥기의 고난, 어떻게 설교할 것인가?," 202.

2장 하나님, 억울합니다

20. Duane A. Garrett, "Job," in *The Problem of the Old Testament* (Downers Grove: InterVarsity, forthcoming), 14.

21. Garrett, "Job," 14~15.

22. 현창학, "구약 지혜서의 성격," 『신학정론』 25.1 (2007): 26~28.

23. 잠언의 보응원리에 관한 구절은 다음과 같다. 잠2:21~22; 3:33; 4:18~19; 10:3, 9, 14, 16, 17, 21, 24, 25, 27, 28, 29, 30, 31; 11:3, 5~8, 17, 18, 19, 20, 21, 23, 30, 31; 12:2, 3, 7, 12, 13, 21, 26, 28; 13:6, 9, 21, 22, 25; 14:9, 11, 14, 19, 32; 15:3, 6, 9; 16:4, 17, 31; 17:20; 18:10; 21:7, 12, 18; 22:5, 8; 24:12, 16, 20; 25:26; 28:1, 10, 18; 29:6. 현창학, "잠언의 성격과 메시지," 『신학정론』 26.1 (2008): 227~229.

24. 김성진, "욥기 해석에 있어 엘리바스 비전(욥기 4:12~21)의 중요성," 『구약논집』 13 (2018): 53~55.

25. T. Jacobsen and K. Nielsen, "Cursing the Day," *SJOT* 6 (1992): 187-204; J. B. Burns, "Cursing the Day of Birth," *Proceedings* 13 (1993): 11~22.

26. Samuel E. Balentine, *Job*, SHBC (Macon, GA: S&H Publishing, 2006), 83

27. Michael A. Fishbane, "Jeremiah 4:23~6 and Job 3:3~13: A Recovered Use of the Creation Pattern," *VT* 21 (1971): 151~167; Norman C. Habel, *The Book of*

Job, OTL (Philadelphia: The Westminster, 1985), 104.

28. Habel, *The Book of* Job, 104; Garrett, "Job," 16~17.

29. Balentine, *Job*, 229.

30. Sungjin Kim, "The Identity of the Spirit in Eliphaz's Vision (Job 4:12~21) And Its Significance in Understanding the Book of Job," (PhD diss., Southern Baptist Theological Seminary, 2017), 93.

31. J. P. Fokkelman, *The Book of Job in Form: A Literary Translation with Commentary*, SSN 58 (Leiden: Brill, 2012), 259.

32. 김성진, "욥기, 어떻게 읽을 것인가?"『가난하나 부요케: 조병수 박사 은퇴기념논총』(용인: 가르침, 2020), 190~191.

33. 김성진, "욥기, 어떻게 읽을 것인가?," 191.

34. Kim, "The Identity of the Spirit in Eliphaz's Vision (Job 4:12~21)," 72~73.

35. 김성진, "욥기, 어떻게 읽을 것인가?," 192.

36. Garrett, "Job," 22.

37. 김성진, "욥기, 어떻게 읽을 것인가?," 192.

38. 김성진, "욥기, 어떻게 읽을 것인가?," 192.

39. 김성진, "욥기, 어떻게 읽을 것인가?," 192.

40. 주해적 근거는 다음을 참고하라. Garrett, "Job," 23~27.

41. 김성진, "욥기에서 엘리후 연설(욥 32~37장)의 위치와 기능,"『구약논집』16 (2020): 41~42.

42. J. G. Janzen은 다음과 같이 기술한다. "What is so striking about Job's oath here is that, deeper than the fact of his alienation from God by God's injustice toward him, there is the fact of the existential bond between God and himself.... we may identify a divine light which shines within his clear conscience. . . . [T]he divine light of revelation, and the divine spirit of inspiration, is to be seen in Job's conscience." J. Gerald Janzen, *Job*, Int (Atlanta: John Knox, 1985), 182~185.

43. Garrett, "Job," 20~29; Russell T. Fuller, "The Book of Job and Suffering," *SBJT* 17.4 (2013): 53~54.

3장 참 지혜는 어디에?

44. Duane A. Garrett, "Job," in *The Problem of the Old Testament* (Downers Grove: InterVarsity, forthcoming), 2.

45. Garrett, "Job," 36~40.

46. 욥기 28장의 화자가 누구인지에 대한 논의가 있다(① 욥기 서언·결언부의 신적 나레이터, ② 욥, ③ 엘리후). 필자는 아래 주석가들처럼 첫 번째 견해가 가장 설득력이 있다고 본다. Daniel J. Estes, "Job 28 in Its Literary Context," *JESOT* 2, no. 2 (2013): 154~157; Garrett, "Job," 2~3; John E. Hartley, *The Book of Job*, NICOT (Grand Rapids: Eerdmans, 1988), 26; John H. Walton, *Job*, NIVAC (Grand Rapids: Zondervan, 2012), 29; Norman C. Habel, *The Book of Job*, OTL (Philadelphia: The Westminster, 1985), 392.

47. 아래는 Garrett, "Job," 37~38의 관찰 내용을 정리한 것이다.

48. Daniel J. Estes, *Job*, TTC (Grand Rapids: Baker Books, 2013), 172~173; Garrett, "Job," 38~40.

49. Garrett, "Job," 14~15.

50. Garrett, "Job," 40.

51. Estes, Job, 173.

52. Estes, Job, 173.

53. 김성진, "욥기의 고난, 어떻게 설교할 것인가?," 『개혁신학과 교회』 35b (2021), 197~198.

54. 김성진, "욥기의 고난, 어떻게 설교할 것인가?," 198.

55. Garrett, "Job," 37~38.

56. 현창학 교수는 잠언과 욥기를 비교하며, 특히 욥기는 보응원리가 "획일적이고 낙관적으로 적용하는 것에 대해 회의하며 그로부터 한 걸음 물러앉아 인생의 문제를 반추하고 관조한다."라고 기술한다. 현창학, "구약 지혜서의 성격," 『신학정론』 25.1 (2007): 26~29.

57. 김성진, "욥기에서 엘리후 연설(욥 32~37장)의 위치와 기능," 『구약논집』 16 (2020): 40.

58. 번역에 대한 상세한 논의는 다음을 참고하라. 김성진, "욥기에서 엘리후 연설(욥 32~37장)의 위치와 기능," 42~44.

59. 김성진, "욥기에서 엘리후 연설(욥 32~37장)의 위치와 기능," 43.

60. 김성진, "욥기에서 엘리후 연설(욥 32~37장)의 위치와 기능," 41~42.

61. 김성진, "욥기에서 엘리후 연설(욥 32~37장)의 위치와 기능," 43.

62. 김성진, "욥기에서 엘리후 연설(욥 32~37장)의 위치와 기능," 44~45.

63. 김성진, "욥기에서 엘리후 연설(욥 32~37장)의 위치와 기능," 45~46.

64. 김성진, "욥기에서 엘리후 연설(욥 32~37장)의 위치와 기능," 46~47.

65. Sungjin Kim, "The Identity of the Spirit in Eliphaz's Vision (Job 4:12~21) And Its Significance in Understanding the Book of Job" (PhD diss., Southern Baptist Theological Seminary, 2017), 153~154.

66. Kim, "The Identity of the Spirit in Eliphaz's Vision (Job 4:12~21)," 153~154.

67. Kim, "The Identity of the Spirit in Eliphaz's Vision (Job 4:12~21)," 153~154.

68. 김성진, "욥기에서 엘리후 연설(욥 32~37장)의 위치와 기능," 56~59.

69. Karl G. Wilcox, "'Who Is This...?': A Reading of Job 38.2," *JSOT* 23, no. 78 (1998): 85~95; C. L. Brinks, "Who Speaks Words without Knowledge? A Response to Wilcox and Bimson," *JSOT* 35, no. 2 (2010): 197~207. 한편, 욥기 38장 2절을 엘리후에 대한 책망으로 보지 않는 견해는 다음을 참고하라. John J. Bimson, "Who Is 'This' in 'Who Is This...?' (Job 38.2)? A Response to Karl G. Wilcox," *JSOT* 25, no. 87 (2000): 125~128.

4장 하나님이 응답하시다

70. Peter F Lockwood, "God's Speech from the Whirlwind: The Transformation of Job Through the Renewal of His Mind (Job 38~42)," *LTJ* 45, no. 3 (2011): 170.

71. 자세한 논의는 다음을 참고하라. Will Kynes, "Lament Personified: Job in the Bedeutungsnetz of Psalm 22," in *Spiritual Complaint: The Theology and Practice of Lament* (Cambridge: James Clarke & Co, 2014), 40~46; James A. Wharton, *Job*, WeBC (Louisville: Westminster John Knox, 1999), 165. 참고로 시편 22편은, 복음서의 예수님 수난 본문에서 자주 언급된다. 대표적인 예가, 예수님이 십자가상에서 인용하신 시편 22:1이다("나의 하나님, 나의 하나님, 어찌하여 나를 버리셨나이까"[마27:46]). 이 외에도 시편 22편의 여러 구절이 예수님 수난 본문에서 인용된다(예: 시22:7-마27:39; 시22:8-마27:43; 시22:18-마27:35).

72. Kynes, "Lament Personified: Job in the Bedeutungsnetz of Psalm 22," 45;

Wharton, *Job*, 165~166.

73. Kynes, "Lament Personified: Job in the Bedeutungsnetz of Psalm 22," 45.

74. Duane A. Garrett, "Job," in *The Problem of the Old Testament* (Downers Grove: InterVarsity, forthcoming), 50~51.

75. Garrett, "Job," 55.

76. Garrett, "Job," 55.

77. 아래 '무생물 세계'(38:1~38) 및 '생물 세계'(38:39~39장)에 대한 논의는 Garrett, "Job," 50~54의 견해를 그대로 따르고 있음을 밝힌다. 한편 이와는 조금 다른 관점에서 욥기 38~39장을 설명하는 Norman C. Habel, *The Book of Job*, OTL (Philadelphia: The Westminster, 1985), 530~535도 참고하라. 나아가 하나님 말씀(38~41장)의 의미와 목적에 대한 다양한 논의는 다음을 확인하라. Leo G. Perdue, *Wisdom in Revolt: Metaphorical Theology in the Book of Job*, BLS 29 (Sheffield: Sheffield Academic, 1991), 197~198; David J. A. Clines, *Job 38~42*, WBC (Nashville: Thomas Nelson, 2011), 1087~1088.

78. Garrett, "Job," 51.

79. Garrett, "Job," 51.

80. Garrett, "Job," 51~52.

81. Garrett, "Job," 51~52.

82. Garrett, "Job," 54.

83. 아래 구조는 Garrett, "Job," 52~53의 논의에 기초해 필자가 작성하였다. 한편, J. E. Miller는 이와 조금 다른 교차대구법 구조를 제시한다. J. E. Miller, "Structure and Meaning of the Animal Discourse in the Theophany of Job (38, 39-39, 30)," *ZAW* 103 (1991). 418~421.

84. Garrett, "Job," 52~53.

85. Garrett, "Job," 53.

86. Garrett, "Job," 53.

87. Garrett, "Job," 53.

88. Garrett, "Job," 53~54.

89. Garrett, "Job," 53~54.

90. Garrett, "Job," 53; Daniel J. Estes, *Job*, TTC (Grand Rapids: Baker Books, 2013), 233.

91. Garrett, "Job," 53~54.

92. Garrett, "Job," 54~55.

93. René A. López, "The Meaning of 'Behemoth' and 'Leviathan' in Job," *BSac* 173, no. 692 (2016): 404~408.

94. 한편, 이후에 출시된 개역개정 성경은 원어 그대로 '베헤못'(40:15)과 '리워야단'(41:1)으로 표기한다.

95. John N. Day, "Leviathan," in *ABD* (New York: Yale University Press, 1992), 4:296; P. A. MacNicoll, "Behemoth," *EDB* (Grand Rapids: Eerdmans, 2000), 162; E. Lipiński, "Leviathan," in *TDOT* (Grand Rapids: Eerdmans, 1995), 7:506~509.

96. López, "The Meaning of 'Behemoth' and 'Leviathan' in Job," 407.

97. Day, "Leviathan," 296.

98. 예를 들어, López, "The Meaning of 'Behemoth' and 'Leviathan' in Job," 401~424; Robert S. Fyall, *Now My Eyes Have Seen You: Images of Creation and Evil in the Book of Job*, NSBT 17 (Downers Grove: InterVarsity, 2002), 157~172; Eric Ortlund, "The Identity of Leviathan and the Meaning of the Book of Job," *TJ* 34, no. 1 (2013): 17~30.

99. 혹자는 시편 104:25의 '리워야단'에 대한 묘사에 근거해 욥기 41장의 리워야단도 '고래'로 보아야 한다고 주장한다(예, Michael V. Fox, "Behemoth and Leviathan," *Biblica* 93, no. 2 [2012]: 264~267). 하지만 Gert Kwakkel의 연구는 시편 104:25의 리워야단 역시 구약의 다른 용례와 동일하게 '악의 세력'을 상징함을 설득력 있게 보여준다. Gert Kwakkel, "The Monster as a Toy: Leviathan in Psalm 104:26," in *Playing with Leviathan: Interpretation and Reception of Monsters from the Biblical World*, Themes in Biblical Narrative 21 (Leiden: Brill, 2017), 77~89.

100. 욥기와 다니엘서 및 요한계시록과의 연관성에 관해서는 다음을 참고하라. Garrett, "Job," 8~11; D. A. Garrett, *Job: Shepherd's Notes* (Nashville: Holman, 1998), 7~10; 송영목, "욥과 요한의 대화: 욥기와 요한계시록의 묵시적 특성을 중심으로," 『교회와 문화』 46 (2021): 167~200.

101. G. K. Beale, *The Book of Revelation*, NIGTC (Grand Rapids; Eerdmans, 1999), 682~687; D. E. Aune, *Revelation 6-16*, WBC (Dallas: Word, 2014),

728~730, 732~737; Garrett, "Job," 54~63; M. Eugene Boring, *Revelation*, IBC (Louisville: John Knox, 1989), 155; Richard Bauckham, *The Climax of Prophecy: Studies on the Book of Revelation* (London: T&T Clark, 1993), 182, 186~193; Stephen S. Smalley, *The Revelation to John* (Downers Grove: IVP Academic, 2012), 333~337; J. Massyngberde Ford, *Revelation*, AB (Garden City: Doubleday, 1975), 210, 217~218; Ian Boxall, *The Revelation of Saint John*, BNTC 19 (Peabody: Hendrickson, 2006), 186~188; Pheme Perkins, *The Book of Revelation*, CBCNT 11 (Collegeville: Liturgical, 1983), 58, 60; Adela Yarbro Collins, *The Combat Myth in the Book of Revelation* (Eugene: Wipf and Stocks, 2001), 162, 164.

102. 다만 다니엘 7장 6절("그 짐승에게 또 머리 넷이 있으며 권세를 받았더라")에는 사탄이 암시되어 있다.

103. Garrett, "Job," 56~57.

104. Garrett, "Job," 56~57. 한편, 욥기 40:19에 대한 다른 해석은 다음을 참고하라. Clines, *Job 38~42*, 1151~1153.

105. Francis I. Andersen, *Job*, TOTC (Downers Grove: InterVarsity, 1976), 311~312; Habel, *The Book of Job*, 559.

106. 자세한 주해적 논의는 다음을 참고하라. Garrett, "Job," 56~57. 학자들은 특히 욥기 40:19과 잠언 8:22의 "[하나님/그]의 길의 시작이라"는 표현을 두고 두 구절의 연관성을 지목한다. 예를 들어, Stephen M. Hooks, *Job*, CPNIV (Joplin: College Press Pub., 2006), 456; Clines, *Job 38-42*, 1188; Samuel E. Balentine, *Job*, SHBC (Macon: Smyth & Helwys, 2006), 685; Marvin H. Pope, *Job*, AB (New Haven; Yale University Press, 2008), 324. 나아가 잠언 8:22과 창세기 1:1의 관계에 대해서는 다음을 참고하라. Bernd U. Schipper, *Proverbs 1~15*, Herm (Minneapolis: Fortress, 2019), 288~290; Duane A. Garrett, *Proverbs*, NAC (Nashville: B&H Publishers, 1993), 108; Balentine, *Job*, 685.

107. Garrett, "Job," 56~57.

108. Garrett, "Job," 56~57.

109. 김대웅, "느부갓네살 황제 짐승 변형 기사의 문학적 인유 분석: 제국주의에 대한 묵시적 비평으로서 하나님 나라 종말 신학," 『ACTS 신학저널』 40 (2019): 34~43.

110. 김대웅, "느부갓네살 황제 짐승 변형 기사의 문학적 인유 분석," 34~43.

111. J. Paul Tanner, *Daniel*, EEC (Bellingham: Lexham, 2020), 411.

112. 김추성, 『하나님과 어린양의 보좌』 (고양: 이레서원, 2015), 300~301.

113. Bauckham, *The Climax of Prophecy*, 273~83; 이필찬, 『요한계시록 어떻게 읽을 것인가 (2판)』 (서울: 성서유니온, 2019), 193~196; Grant R. Osborne, *Revelation*, BECNT (Grand Rapids: Baker Academic, 2002), 433~435. 한편, 이와 다른 해석적 입장은 다음을 참고하라. Beale, *The Book of Revelation*, 603~8; Robert Mounce, *The Book of Revelation*, NICNT (Grand Rapids: Eerdmans, 1997), 224.

114. 변종길, 『요한계시록』 (대구: 말씀사, 2017), 177, 182~184; 이필찬, 『요한계시록 어떻게 읽을 것인가』, 179~196.

115. 참고. Garrett, "Job," 57, 62는 욥기 41:34의 '교만한 자'와 '악인들'이 베헤못을 지칭한다고 본다.

116. Athalya Brenner, "Job the Pious? The Characterization of Job in the Narrative Framework of the Book," *JSOT* 43 (1989): 37~38.

117. 다양한 해석적 견해는 다음을 참고하라. Eric Ortlund, *Piercing Leviathan: God's Defeat of Evil in the Book of Job*, NSBT 56 (Downers Grove; IVP Academic, 2021), 103~153; Clines, Job 38~42, 1160~163.

118. 김성진, "욥기, 어떻게 읽을 것인가?" 『가난하나 부요케: 조병수 박사 은퇴기념논총』 (용인: 가르침, 2020), 190~191.

119. Sungjin Kim, "The Identity of the Spirit in Eliphaz's Vision (Job 4:12~21) And Its Significance in Understanding the Book of Job" (PhD diss., Southern Baptist Theological Seminary, 2017), 205~208.

120. Kim, "The Identity of the Spirit in Eliphaz's Vision (Job 4:12~21)," 200.

121. Kim, "The Identity of the Spirit in Eliphaz's Vision (Job 4:12~21)," 200.

122. Garrett, Job, 92.

123. 아래 번역에 대한 논의는 Garrett, "Job," 59-60을 참고하라.

124. 김성진, "욥기, 어떻게 읽을 것인가?" 211~212.

125. 김성진, "욥기, 어떻게 읽을 것인가?" 212.

5장 나는 위로를 얻습니다

126. 예를 들어, Kenneth A. Cherney Jr., "Did Job 'Repent'? (42:6)," *WLQ* 109, no.

2 (2012): 132~37; Thomas Krüger, "Did Job Repent?," in *Das Buch Hiob und seine Interpretationen: Beiträge zum Hiob-Symposium auf dem Monte Verità vom 14.19. August 2005*, ATANT 88 (Zürich: Theologische Verlag Zürich, 2007), 217~29; Dale Patrick, "Translation of Job 42:6," *VT* 26, no. 3 (1976): 369~371.

127. Sungjin Kim, "The Identity of the Spirit in Eliphaz's Vision (Job 4:12~21) And Its Significance in Understanding the Book of Job" (PhD diss., Southern Baptist Theological Seminary, 2017), 185; Charles Muenchow, "Dust and Dirt in Job 42:6," *JBL* 108, no. 4 (1989): 609f. n53; Cherney, "Did Job 'Repent'? (42:6)," 136.

128. Krüger, "Did Job Repent?," 221.

129. William S. Morrow, "Consolation, Rejection, And Repentance in Job 42:6," *JBL* 105, no. 2 (1986): 216~217.

130. I. Willi-Plein, "Hiobs Widerruf?-Eine Untersuchung der Wurzel נחם und ihrer Erzähltechnischen Funktion im Hiobbuch," in *Sprache als Schlüssel: Gesammelte Aufsätze zum Alten Testament* (Neukirchen-Vluyn, Germany: Neukirchener, 2002), 135ff.; Daniel J. O'Connor, "Job's Final Word-I Am Consoled ... (42:6b)," *ITQ* 50, nos. 2~4 (1983): 181~197; Krüger, "Did Job Repent?," 223~224.

131. 이에 대한 자세한 논의는 Krüger, "Did Job Repent?," 223~224를 참고하라.

132. Douglas J. Green, "The Good, the Bad and the Better: Psalm 23 and Job," in *The Whirlwind: Essays on Job, Hermeneutics and Theology*, JSOTSup 336 (Sheffield: Sheffield Academic, 2001), 80.

133. Green, "The Good, the Bad and the Better: Psalm 23 and Job," 69~83.

134. 아래 번역에 관한 논의는 다음을 참고하라. Gert Kwakkel, "The Monster as a Toy: Leviathan in Psalm 104:26," in *Playing with Leviathan: Interpretation and Reception of Monsters from the Biblical World*, Themes in Biblical Narrative 21 (Leiden: Brill, 2017), 88~89.